Lb ^{37}/3892

LE VRAI
INTÉRÊT
DES
PRINCES
CHRETIENS,

Opposé aux faux interêts, qui ont été depuis peu mis en lumiére.

TRAITÉ

Qui represente au vrai l'Interêt que les Princes Chrêtiens, ont à s'opposer aux pretentions d'un Roi Ambitieux, qui voudroit s'assujettir tous les Etats de l'Europe.

Imprimé à Strasbourg,
Par Jean Marlorat Imprimeur ordinaire de la Cité, 1686.

AVIS AU LECTEUR.

C'Est une chose incontestable, qu'un Prince ne peut devenir grand, ni êtendre les bornes de sa domination, que par la ruïne & au préjudice de ses voisins : C'est par la ruïne des Assyriens que les Perses, ont agrandi leur Empire. Alexandre n'a êtendu les bornes du ſien, que par la deſtruction de celui des Perſes ; ni les Romains le leur, qu'en ruinant celui d'Alexandre & de ſes Succeſſeurs. C'eſt par cette même voye que la France a étendu ſes bornes, en uſurpant les Etats du Roi d'Eſpagne & des Princes de l'Empire qui ſont ſes voiſins.

Les Princes Ambitieux ne pouvans être retenus par la Loi de Dieu, qui deſend tres expreſſement de prendre le bien d'autrui & de repandre le ſang humain,

main, avec des menaces tres épouvantables de ses jugemens, contre tous ceux qui en useront de la sorte. Ceux qui se mêlent d'ecrire de l'Interêt des Princes, doivent s'ils ont la crainte de Dieu, lors qu'ils voyent qu'un Prince s'êleve par trop, & usurpe sur ses voisins, advertir les autres Princes de ce qu'ils ont a faire, pour prevenir les malheurs, qui les menacent, & leur decouvrir les moyens pour conserver à eux & a leur posterité, les Etats que

Dieu

Dieu leur a donné. Et non pas leur propofer pour modele de leur conduite un Prince, qui prefente la raifon & ne la fait jamais, qui romp les Traités de paix, qu'il a fait avec les autres Princes, prefque auffi tôt qu'ils ont été jurés & publiés, & ne fait point difficulté de violer fa parole Royale, lors qu'il efpere qu'en la violant il en tirera de l'advantage; Un Prince qui ufurpe injuftement le bien d'autrui, qui établit des Cours Superieures ou il eft juge

juge & partie, ou il fait appeler les Princes Etrangers, pour ravir leurs Etats ; un Prince qui n'épargne rien pour troubler la paix & le repos de la Chrêtienté, qui feme par tout la Pomme de difcorde, & tâche par toute forte de voyes illicites, de corrompre les Miniftres des autres Princes, & les porter a trahir leurs Maîtres, & vendre leur Patrie; Un Prince a qui fon ambition, a fait rêpandre le fang prefque d'un million d'hommes ; Un Prince

en-

enfin qui a fait des Alliances avec les infideles & les
a portés a faire la guerre
contre les Chrêtiens, lui
qui se dit tres-Chrêtien &
fils aîné de l'Eglise. Imiter
un tel Prince cét authori-
ser toute sorte d'injustices
& de violences, approu-
ver les crimes, troubler le
repos de tous les Etats, &
enseigner aux Princes a
violer impunement les
Loix divines & humaines.
L'Autheur de ce Traité,
s'achant que les plus
grands Monarques du
Monde, sont aussi bien
assu-

aſſujettis a la Loy de Dieu que le moindre de leurs ſujets, prend une autre route dans ſon ouvrage. Il montre aux Princes les moyens, pour entretenir la paix de la Chrêtienté, en s'uniſſant contre celui qui la trouble. Il leur dêcouvre les ruſes & les artifices de leur ennemi commun, ſes pretentions ſans fondement ſur les Etats du Roi d'Eſpagne & ſur l'Empire, les voyes qu'il prend pour monter ſur le thrône de la Monarchie Univerſelle de la Chrêtienté.

L'Au-

L'Autheur fait voir encores l'Interêt, que tous les Princes Chrêtiens ont a s'oppofer a la fucceffion du Daufin de France fur l'Efpagne. Et enfin il decouvre les moyens pour rendre inutile cette pretendue fucceffion, & faire que les Princes & leurs defcendans jouiffent paifiblement de leurs Etats, & de leurs Couronnes.

T A-

TABLE DES CHAPITRES.

CHA

Table des Chapitres.

LE

LE VERITABLE INTEREST DES PRINCES CHRESTIENS,

Opposé aux faux l'Interêts qu'on a mis depuis peu en lumiere.

CHAPITRE I.

Où l'on fait voir que l'Union des Princes est leur conservation, & que leur d'esunion sera suivie de leurperte.

LOrs qu'un Prince s'éleve par trop, & se rend formidable a ses voisins, la Politique veut que les autres Princes se li-

A guent

L'Union des Princes est leur conservation.

guent ensemble , pour l'abaisser , ou du moins pour empêcher , qu'il ne devienne plus grand. Pour justifier cette Verité , il n'est pas necessaire d'aller foüiller dans les Histoires anciennes , le siecle passé , & celui ci nous en fournissent des exemples tres considerables.   Lors que Charles V. eut gagné la bataille de Pavie , contre François I. & qu'il eut fait ce Prince son prisonnier de

Ligue des Princes contre Charles V.

guerre , Le Pape , le Roy d'Angleterre   Henri VIII., les Ventiens , le Duc de Florence & les Suisses, se liguerent avec

la

la France pour la deli-
vrance de ce Roy captif,
& pour empecher que
Charles V., ne s'emparât
d'une partie de la France,
&du reste de l'Italie:l'Hi-
stoire remarque même
que le Roy d'Angleter-
re en usa genereusement
envers la France:car bien
qu'il fut auparavant en
guerre avec François I.,
qui lui detenoit la Gui-
enne & la Normandie,
que les François avoient
enlevé a ses predecef-
feurs, & que l'infortuné
de ce Roy, lui fournit un
moyen tres advantageux
pour recouvrer deux
Provinces qui lui apar-

te-

tenoient par toute forte
de droit, il defifta de
l'entreprife qu'il avoit
formée de faire la guerre
a la France, des qu'il
eut apris que fon Roy
avoit été fait prifonnier;
il licentia l'armée qu'il
avoit faite & qui êtoit
préte de s'embarquer
pour defcendre à Calais,
que les Anglois tenoient
encore, fans demander
aucun rembourcement
des fraix; & non content
de cela, il envoya mar-
quer a la Regente de
France le de plaifir qu'il
avoit de l'infortune du
Roy fon fils, & lui offrit
tout fecours d'hommes
&

& d'argent pour sa deli-
vrance. En quoy ce
Prince a donné une belle
leçon a tous les Princes
qui font venus depuis,
qui est qu'il faut preferer
l'interêt general a son
interêt particulier. Et
le Pape & tous ces Prin-
ces & Estats firent cette
ligue non pour l'amour
qu'ils portoient a la
France , de qui ils
êtoient ennemis, & avec
qui ils avoient été un
peu auparavant en guer-
re ; mais ils la firent
pour leur interêt propre,
parce que la maison
d'Austriche commen-
çoit a leur être suspecte

&

& a toute la Chrêtienté.
& quand Ferdinand II.
eut depouillé de leurs
Etats, les Princes Pro-
teftans d'Allemagne, &
foûmis les Villes Impe-
riales, battu & repouffé
le Roy de Dannemark &
contraint ce Prince de
fe retirer dans fes Etats,
& faire une Paix honteu-
fe en abandonnant fes
Alliés, les autres Prin-
ces s'unirent enfemble
pour arrêter les progrés
de l'armée victorieufe de
cet Empereur, qui êtoit
compofée de foixante &
dix mille hommes a guer-
ris & commandés par des
fages & vaillans Gene-
raux, fans quoy il êtoit a

craindre qu'elle n'inondat toute la Chrêtienté, & n'en fit une Monarchie Univerſelle, ſujette a la maiſon d'Auſtriche. Il faut remarquer que la maiſon d'Auſtriche qui alors aſpiroit a la Monarchie Univerſelle, ſe ſervoit du pretexte d'extirper l'hereſie afin que les Catholiques, ne ſe miſſent a la traverſe & ne l'empechaſſent de venir a bout de ſes deſſeins. Et c'eſt aujourd'huy le pretexte du Roy de France, qui pour endormir les Princes Cathol. travaille avec tant de ſoin & d'application à ruiner non

ſeule-

seulement les Proteſtans
de ſon Royaume, mais
auſſi ceux des autres
Eſtats, ayant porté le
Duc de Savoye à detrui-
re les Proteſtans de ſon
païs & baillé a ce Prince
des troupes, pour perdre
des ſujets, qui lui êtoient
fideles & qui ſervoient
de rempart a ſes Eſtats.

On ſçait encores qu'il
a fait ſon poſſible pour
diviſer la Suiſſe, & ar-
mer les Catholiques con-
tre les Proteſtans, afin
que quand ils ſeroient
aux mains, il peut ſe jetter ſur eux & les aſſu-
jettir plus aiſement a ſa
puiſſance; mais comme
dans

dans les Cantons tant Catholiques que Protestans, il y a des gens sages & prudens qui ont penetré dans le pernicieux deſſein de la France, & de couvert ſes fourberies, ils ſe ſont depuis peu, plus êtroitement unis que jamais, & ont pris une forte reſolution, de ſaſſiſter reciproquement, contre qui que ce ſoit qui les attaquera, & de defendre leur pays & celui de leurs Alliés.

Louis X I I I. Roy de France, & le Cardinal de Richelieu, qui étoit ſon premier Miniſtre penetrerent dans le deſſein de

Louis XIII. ſe Ligue avec Guſtave Roy de Suede contre la maiſon d'Auſtriche.

de la maison d'Auſtri-
che, & virent que le
pretexte que cette mai-
ſon prenoit de ruiner les
Proteſtans, n'étoit que
pour endormir les Prin-
ces Catholiques, & ſe
jetter apres ſur eux,
quand ils auroient de-
truit les Proteſtans : Et
bien qu'ils fuſſent bons
Catholiques, ils ne laiſ-
ſerent pas, de ſe liguer
avec Guſtave Adolphe
Roy de Suede, & Char-
les I. Roy d'Angleterre,
qui étoient Proteſtans,
& même pour retablir
dans leurs Eſtats des
Princes Proteſtans, qui
en avoient été depouil-
lés

lés par un Prince Ca-
tholique. La France
qui avoit un grand inte-
rêt, a empécher là gran-
diffement de cette mai-
fon, s'obligea a fournir
au Roy de Suede, dix-
huit cens mille livres par
an, pour les fraix de la
guerre, & permit aux
François d'aller fervir
fous ce Prince. L'An-
gleterre luy envoya fept
mille hommes, nourris
& entretenus a fes de-
pans. Le Dannemarc
luy bailla fes Alliés, &
les Vieiles haines qui
êtoient entre ces deux
couronnes, ni leurs in-
terêts particuliers ne

por-

porterent point le Roy
de Dannemarc a troubler
les victoires, ni a s'op-
poser aux progres que
Guſtave faiſoit en Alle-
magne ; ce Prince regar-
doit cela comme un bien
general, & dont même
il pouvoit tirer de
l'adventage. Et la Po-
logne qui êtoit en guerre
avec la Suede, fit paix
avec Guſtave, afin qu'il
peut ſecourir les Princes
Proteſtans injuſtement
depoüillés, & abaiſſer
la maiſon d'Auſtriche
qui luy êtoit ſuſpecte, &
a toute la Chrêtienté.
Les Hollandois promi-
rent d'entretenir la guerre

re contre l'Eſpagne, pour
faire diverſion & empê-
cher qu'elle n'employat
toutes ſes forces au ſe-
cours de l'Empereur.

Ce fut alors que la
France rentra dans ſes
veritables interêts, car
ſi elle eut fouffert la ruine entiere des Princes
Proteſtans, il êtoit a
craindre que cette ar-
mée, qui étoit ſi puiſ-
ſante, & enflée de tant
de Victoires, qu'elle
avoit remporté, de tant
de places qu'elle avoit
priſes, & de tant de Pro-
vinces qu'elle avoit ſub-
juguées, ne ſe jettât apres
ſur la France, que l'Em-

A 7 pe-

pereur Ferdinand haïf-
foit mortellement , &
confideroit comme fa
principale ennemie , &
la feule puiffance , qui
pouvoit troubler fes
grands deffeins , & l'em-
pêcher de parvenir à la
Monarchie Univerfelle
ou fa maifon afpiroit. Et
la France s'étant grand-
dement affoiblie par
les guerres civiles qu'-
elle venoit de terminer
contre les Huguenots ,
il êtoit a aprehender que
cette grande & Victo-
rieufe armée ne fe fit
jour par toute la France ,
comme elle avoit fait par
toute l'Allemagne , &
n'in-

n'inondat la plus part
de ses Provinces, comme
firent autrefois les Alle-
mans sous la conduite de
Pharamond.

Puis que les Princes
Chrêtiens au temps pas-
sé, ont fait des Ligues
offensives & diffensives,
contre la maison d'Au-
striche, lors qu'elle a
voulu s'elever par trop,
& empieter sur les autres
Princes, & que cela a
heureusement reussi &
leur a été d'un tres
grand adventage : a pre-
sant que tous les Princes
Chrêtiens voyent claire-
ment, que la France as-
pire a la Monarchie Uni-
ver-

verfelle de toute la
Chrêtienté, ils doivent,
s'ils cognoiſſent leur veritable interêt, a l'exemple de leurs predeceſ-
ſeurs, faire des ſembla-
bles ligues, pour arrêter
les progrés de la France,
abaiſſer ſon orgueil &
empecher qu'elle ne trai-
te pas ſi mal qu'elle fait,
les Princes & Eſtats ſou-
verains. Et ils le doivent
d'autant plus faire, qu'ils
voyent, s'ils ne veulent

La Triple Allian-ce arrê-te les progrés de Lo-uis XIV. entierement fermer les
yeux, que cela leur a été
par le paſſé ſi adventa-
geux; car quand Louis
XIV. en l'année 1667. &
1668. eut entrepris la
con-

conquete de la Flandre
Efpagnole , l'Angleter-
re , la Suede , & les
Provinces Unies ayant
fait une Triple Alliance,
pour s'oppofer a fes def-
feins , il fe departit de
fon entreprife & des
droits qu'il pretendoit
alors fur ce pays, & fit
la paix avec l'Efpagne,
même il rendit la Fran-
che Comté de Bourgog-
ne qu'il avoit ufurpeé.
Et il n'y a point de dou-
te, que fi les Princes Alliés , euffent infifté comme ils devoient le faire, à
demander que la France
reftituat a l'Efpagne, ce
qu'elle avoit alors pris
fur

sur elle, en vertu de son
pretendu droit de devo-
lution, qu'elle ne l'eut
fait, pour ne pas s'enga-
ger dans une guerre si
mal entreprise, & con-
tre tant d'Alliés. Et si
aprés que le temps de la

Sa rup-
ture est
la cause
de la
guerre
d'Hol-
lande.

Triple Alliance fut fini,
les Princes leussent re-
nouvellée ; la France
n'eut pas entrepris com-
me elle fit en l'année
1672. de faire la guerre
contre les Provinces U-
nies ; Aussi la France
voyant combien cette
Triple Alliance êtoit
contraire a ses desseins,
des que le terme de sa
durée fut fini, elle em-
ploya

ploya toute forte d'arti-
fices pour la rompre, el-
le n'efpargna ny fon or
ni fon argent pour en de-
tacher le Roy d'Angle-
terre, envers ceux qui
avoient du pouvoir fur
fon Efprit; elle fe fervit
même, comme tout le
monde fcait, d'un com-
merce honteux, pour en
venir a bout, lui envo-
yant pour cet effect une
demoifelle de Bretagne,
belle & adroitte au pof-
fible, qui porta ce Prin-
ce a abandonner fes veri-
tables interêts, en fe
joignant a la France, pour
faire la guerre conjonte-
ment, aux Provinces
Unies,

Unies, & miner un pays
dont la confervation luy
êtoit tres advantageufe
& la perte tres domma-
geable. Car fi la France
fe fut rendue maiftreffe
de la Hollande, comme
peu fen fallut, elle n'auroit pas feulement dif-
puté à Angleterre l'Em-
pire de la mer, mais auf-
fi auroit ruiné fon com-
merce, qui eft fa plus
grande richeffe & ce qui
la fait principalement
fubfifter.

Louis
XIV. Tous les Princes
prend Chrêtiens favent enco-
pres de res, que le Roy de Fran-
40. ou ce ayant en l'année mil
50. pla- fix cens foixante douze
ces dans
une pris

pris sur les Provinces Unies, quarante ou cinquante places; l'Empereur, le Roy de Dannemarc, l'Espagne, & les Princes d'Allemagne s'étans Ligués contre la France, on obligea ce Roy de rendre malgré luy aux Hollandois, tout ce qu'il avoit pris sur eux, & d'abandonner toutes ces Places, même sans faire aucun siege pour les tirer d'entre ses mains. Que si apres que le Prince de Céll eut batu l'armée du Roy de France pres de Tréves, pris cette Ville & fait prisonnier de guerre le Mare-

campagne sur les Hollandois qu'il est forcé de rendre par l'Union des Princes.

Mareschal de Crequi, qui aprés sa defaite si étoit jetté, & aprés que l'Electeur de Brandebourg eut chassé les Suedois d'Allemagne & pris sur eux la Pommeranie, les Princes Alliés fussent demeurés Unis, il ny a point de doute qu'on n'eut obligé ce Roy, de rendre a ses voisins, tout ce que la France avoit usurpé sur eux, depuis quarante ou cinquante ans, & qu'ils n'eussent autant abaissé ce Prince qu'il s'est depuis élevé par ses artifices.

CHA-

CHAPITRE II.

Ou l'on montre que la paix de Nimegue, a été la cau- se de tous les maux arri- vés depuis a la Chrîstien- té, par la divîsion des Princes · Alliés ; causée par les artifices de la France.

LE Roy de France considerant qu'il ne pourroit pas resister a tant de grands & puis- sans ennemis, que ses ar- mées n'estoient pas in- vincibles & apprehen- dant que la fortune ne luy tournât le dos , & qu'il qu'il ne fut obligé de rendre plus qu'il n'avoit pris, il eut recours a la paix qu'il demanda avec empreſſement. Et la Ville de Nimegue qui êtoit aux Eſtats d'Hollande, eſtant le lieu, ou l'on la traitoit, il ne fut pas difficile a la France, par le moyen de ſes penſionnaires, de porter les Hollandois, aquieſcer aux propoſitions qui leur êtoient faites de la paix. Ils voyoient que par cette malheureuſe guerre, ils avoient été portés juſques ſur le bord de leur ruine, que leur commerce étoit interrompu,

qui

qui eſt la richeſſe & le
ſoutien de leur Repu-
blique, qu'ils avoient
fait des grands fraix &
des grands emprunts
pour entretenir leur ar-
mée, & celle de l'Empe-
reur qui êtoit venue a
leur ſecours. Que la
France offroit de leur *Ar-*
rendre Maſtric, qui étoit *tifices*
de la
la ſeule place qu'elle te-*France*
pour
noit de toutes les con-*faire la*
quetes, quelle avoit fait *paix de*
Nime-
ſur eux, & même de *gue.*
rendre à l'Eſpagne dix
ou douze places, pour
faire une barriere entre
la France, & les Pro-
vinces Unies, qui ap-
prehendoient ſon voiſi-
nage.

nage. Que son Roy ne
desiroit rien tant que la
paix, puis qu'il la demandoit avec instance, &
qu'au fonds ils devoient
être contens, puis qu'on
leur rendoit tout ce
qu'on leur avoit prix. Il
tascha encores de gag-
ner, par le moyen de son
or & de son argent,
quelques uns de ceux
qui avoient du pouvoir
dans la Republique, &
qui s'oposoient a cette
paix, & ceux qu'il ne
peut gagner par l'argent
il les gagna par des pro-
messes trompeuses, &
par de belles esperances.
Il n'eut pas même honte,
de

de leur écrire une lettre,
par laquelle aprés avoir
violé tous les traités
qu'il avoit fait avec eux,
& ceux de ses predecef-
feurs, & leur avoir fait
de gayeté de cœur &
fans ancun legitime fujet
une mortelle guerre, il
les traite de bons amis,
alliés & confederés, a-
fin que par ces parolles
douces, & trompeufes,
il les portat , a faire la
paix feparement de leurs
alliés. Aprés cela n'eft
ce pas fe moquer de
Dieu & des hommes, de
dire qu'il a donné la paix
a l'Europe, puis qu'il eft
conftant , qu'il la men-

diée

diée, & employé mille ruses & mille artifices pour l'obtenir; & ainsi aprés avoir troublé le repos de l'Europe, cet l'Europe qui luy a donné la paix & il ne la point donnée a l'Europe comme advancent faussement ses flateurs.

Ce qui porta la France a faire une paix separée, est qu'elle voyoit que la paix ne se pouvoit faire avec tous les Alliés sans rendre au Duc de Lorraine ses Etats, & au Roy d'Espagne la Franche Comté de Bourgogne, & tout ce qu'elle avoit pris sur luy depuis la

paix

paix de Munſter , mais qu'en diviſant les Alliés, il conſerveroit la plus part de ſes conquetes, & obligeroit l'Electeur de Brandebourg, & le Prince du Céll, a rendre à la Suede , ce qu'on luy avoit pris , depuis qu'elle avoit embraſſé le parti de la France.

Mais on ne peut s'empecher de blàmer les Hollandois, d'avoir ſait une Paix ſeparée, de celle de leurs Alliés ; car puis que ces Princes êtoient Venus a leur ſecours & avoient pris les armes pour les retirer du triſte Etat ou la France

La Hollande fait la paix ſeparée de ſes Alliés.

les

les avoit mis , & leur avoient fait rendre ce qu'on leur avoit pris , ils dévoient pareillement faire rendre à leurs Alliés ce qu'on leur avoit usurpé pendant la guerre. Mais je croy qu'on les trompa , par les promesses, que la France leur fit , de faire la paix, avec tous les Alliés , & qu'ils seroient les mediateurs & les maîtres des Interêts tant de leurs Alliés, que de ceux du Roy tres Chrétien.

La France avoit sujet de demander la paix non seulement pour les raisons susdites ; mais aussi

fi parce que l'Angleterre
fe declaroit pour les Al-
liés & avoit dêja fait de-
barquer a Oftende, fix a
fept mille hommes pour
la deffenfe de la Flandre
Efpagnole. Auffi dés que
la France eut receu la
nouvelle de la refolution
de Angleterre, elle re-
tira a la Sourdine, les
troupes & les vaiffeaux,
qu'elle avoit à Meffine,
& abandonna les Mef-
finois, a qui elle avoit
promis toute forte d'affiftance, & de protection,
à la merci des Efpagnols.
La France voyoit enco-
res que l'Electeur de
Brandebourg, avoit chaf-

fé

sé les Suedois d'Alle-
magne, leur avoit en-
levé toute la Pommerai-
ne ; & étoit devenu la
terreur de cette nation,
qui sous le grand Gusta-
ve êtoit la terreur de
toute l'Europe,qu'il êtoit
a craindre que ce Prince
Victorieux, d'une nation
si belliqueuse, ne vint a-
vec toutes ses forces, &
celles des Princes de
Lunebourg, contre la
France à la campagne
prochaine, & ne portat
la terreur, & l'effroy,
par ses Provinces,& y fit
les mêmes ravages que
les François avoient fait
dans le pays de ce Prin-
ce

ce en l'année soixante &
seize.

Le Prince d'Orange
qui est grand Capitaine
& grand Politique, & qui
a encores, une grande
penetration d'esprit,
s'opposa avec raison a
cette paix, & dit aux
Etats des Provinces U-
nies pour les en detour-
ner tout ce qui se pou-
voit dire sur ce sujet.
Mais soit ou que les Hol-
landois ne conussent pas
leur veritable interêt, ou
qu'ils ne le voulussent pas
cognoître, ou que las de
la guerre, ils n'en pussent
plus supporter les fraix,
firent cette malheureuse

Le Prince d'Oran-ge s'op-pose avec raison a la Paix de Nime-gue.

B 5   paix

paix de Nimegue. J'appelle cette paix malheureuse, parce qu'elle a été la cause de tous les maux qui font depuis arrivés a la Chrêtienté.

Cette paix a en premier lieu divisé les Princes Alliés, & a semé entreux la Pomme de Discorde ; L'Empereur fut mal satisfait des Hollandois de ce qu'ils avoient fait la paix sans luy, aprés avoir envoyé un puissant secours, & l'Empereur apprehendant d'être abandonné des autres Princes, fit aussi sa paix sans l'Electeur de Brandebourg, & le Roy de Dannemarc, qui avot bien pris les armes contre la France, a la follicitation de fa Majefté Imperiale; & cela a fait que ces deux Princes ont été mal contans de l'Empereur & ont fait des Alliances avec la France.

En effet fi l'Empereur n'eut pas precipitemment fait fa paix, êtant joint avec l'Efpagne, le Roy de Dannemarc, l'Electeur de Brandebourg, & la plus part des autres Princes, d'Allemagne, il eut obligé la France, malgré qu'elle en eut eu a faire une paix advantageufe à l'Empi-

re,

re , & aux Princes Alliés
de l'Empereur.

Cette paix de Nime-
gue ayant divisé les Princes Alliés , & rendu les
uns mecontens des au-
tres, la France a profité
de leur division , & a par
cet artifice & ses pro-
messes Illusoires advan-
cé ses affaires.

Si les Princes Alliés
ne se fussent point des
unis, mais eussent con-
tinnué la guerre contre la
France comme leur inte-
rêt le vouloit, le Roy de
France n'auroit peu por-
ter les Turcs, a faire la
guerre contre l'Allema-
gne, puis que ces infi-
de-

deles ne font entrés dans
l'Empire & n'ont affiegé
la Ville de Vienne, qu'a
fa follicitation, & fur la
promeffe qu'il leur fit,
d'attaquer l'Empire du
côté du Rhin, pour fai-
re diverfion d'armes &
empecher que les Prin-
ces de l'Empire, ne
peuffent fecourir l'Em-
pereur. La raifon de ce-
la eft, qu'ayant été hon-
teufement repouffés, lors
qu'ils avoient ci divant
attaque l'Allemagne, ils
n'auroient pas fait cette
entreprife fi la France
n'eut promis de les affi-
fter, en cette guerre, &
voyans, qu'elle eut eu

tant

tant d'ennemis sur les bras, contre lesquels elle auroit eu peine de se deffendre, s'ils ne s'êtoient pas fié, comme ils firent a ses promesses.

C'est encores depuis la division des Princes Alliés, que le Roy de France, a établi sa Cour de Dependance, dans la Ville de Mets, ou il a fait assigner les Princes voisins de la Lorraine, pour luy rendre ce qu'ils tenoient de l'ancien Royaume d'Austrasie, & en vertu des Arrests de cette Cour, il a depoüillé les Princes de Montbeliard & de la petite

tite pierre de leurs Etats,
le Roy de Suede, de la
Duché de Deux Ponts,
& l'Electeur Palatin de
deux ou trois bailliages,
ce qu'il n'auroit jamais
entrepris, si les Princes
ne se fussent divisés.

Il n'auroit pas non
plus enlevé a l'Empire,
la Ville de Strasbourg,
qui êtoit un de ses plus
forts remparts, comme
il fit peu de temps aprés
la paix de Nimegue, con-
tre & au préjudice de
cette paix. Il n'auroit
pas pris la Ville de Lux-
embourg, la plus forte
place du Pays Bas Espa-
gnol, qu'il a assiegée en
pleine

pleine paix ; il n'auroit pas fait querelle aux Genois de gayeté de cœur, comme toute l'Europe fçait. Il se seroit bien gardé de parler de Regale ni d'attaquer le Saint Pere.

Si le Roy de France, n'eut par ses artifices divisé les Princes à Nimegue, bien loin de ruiner le Pays-Bas Espagnol, commé il fit l'année, quatre vingts quatre, en bruflant en pleine paix ses Villages, ruinant ses moissons, pillant ses beftiaux, & mettant des contributions excessives, sur le pays. On au-

auroit au contraire fans
cette divifion, porté la
terreur & l'effroy, par
toute la France, defolé
fes Campagnes, ruiné
fes Provinces,& mis fon
pais a contribution, au
moyen des grandes for-
ces que les Alliés
avoient fur pied. Enfin
les extraordinaires occu-
pations que le Roy de
France eut eu chés luy,
l'auroient bien empe-
ché, de troubler le re-
pos de l'Angleterre, &
de la Hollande, en y fe-
mant la divifion, & la
difcorde comme il a fait
par fes penfionnaires, a-
fin de perdre ces deux

Etats

Etats par eux mêmes, ne
l'ayant peu faire par ses
forces. L'argent qu'il a
prodigué, en ces sortes
de negotiations, luy au-
roit fait besoin pour
s'en servir, a l'entretien
de ses troupes, ou a for-
tifier des places. Et
ainsi on peut dire avec
asseurance & Verité, que
la paix de Nimegue, est
la cause de tous les
maux, qui sont arrivés
depuis a la Chrêtienté.

La division des Prin-
ces Chrêtiens, êtant la
cause de leurs maux, &
leur union la cause de
leur conservation, ils
doivent, s'ils sont sages

&

& veulent conſerver
leurs Etats a leur poſte-
rité, ſe reunir derechef
plus fortement que ja-
mais, & entretenir cette
Union inviolable, du
moins juſques a ce qu'ils
auront abaiſſé la Fran-
ce & qu'ils l'auront o-
bligée de rendre, ce
qu'elle a injuſtement u-
ſurpé. Autrement il eſt
a craindre, que vivans
dans la diſcorde, il ne
les depouille les uns a-
prés les autres de leurs
Etats, ou ne les faſſe ſes
ſujets ou ſes tributaires.
Par l'union & par la con-
corde les choſes petites
deviennent grandes, &
par

par la division, & la discorde les choses grandes
s'en vont en ruine. Les
Princes Chrêtiens étans
unis ensemble, il ny a
aucune puissance, qui
les puisse detruire, ils
se conserveront & leurs
Etats, contre tous les
Princes qui voudront les
usurper, ils se garderont
de tomber sous la puis-
sance Ottomane, & obli-
geront le Roy de France
a laisser ses voisins en
paix.

CHA-

CHAPITRE III.

Où il est parlé des preten-
tions de la France a la
Monarchie universelle
de la Chrêtienté , &
comme déja il agit en
Monarque Universel.

LE Roy de Fance,
n'aspire pas seule-
ment a la Monarchie
Universelle de la Chrê-
tienté , mais même des-
ja il agit en Monarque
Universel, puis qu'il traite les autres Princes , &
Etats Chrêtiens comme
s'ils êtoient ses sujets.
Il n'espargne ni le Pa-
pe,

pe, ni l'Empereur; n'a il
pas ôté au Saint Pere la
Regale, qui est un droit
dont ses predecesseurs
ont joui plusieurs siecles,
& qui leur avoit été con-
cedé par les Rois de
France predecesseurs de
Louis XIV? Ne lui a-t-il
pas ravi sa principale authorité, lors que par
son Clergé, il a fait de-
clarer que le Saint Pere
nêtoit point infallible?
qu'il n'avoit point de
pouvoir sur le temporel
des Rois? Qu'il ne pou-
voit pas dispenser leurs
sujets du serment de fi-
delité?

Qu'il êtoit au dessous
du

du Concile ; & ne pouroit faire aucun article de foi, fans le confentement de l'Eglife ? N'a il pas aprés la paix de Nimegue, Impofé des Loix a l'Empereur ? en ce qu'il la obligé de lui confirmer, ce qu'il a uferpé fur l'Empire , au préjudice même & contre les articles de cette paix? Que n'a il pas fait au Roi d'Efpagne ? il a affiegé fes places & enlevé des Provinces entieres fans lui declarer la guerre? n'a il pas traité les Princes d'Allemagne & la Republique de Genes comme fes éclayes ? je ne ne dirai pas comme ſes ſujets. Un Prince n'oſe pas de ſon authorité privée dépouiller de leurs biens ſes Sujets. Et le Roy de France a de ſon authorité d'êpouillé de leurs Etats les Princes d'Allemagne, qui etoient ſes voiſins, qui eſt s'attribuer l'authorité & le pouvoir que les ſeuls maîtres ont ſur leurs Eſclaves. Et aprés avoir bombardé la Ville de Genes & lui avoir pris tous ſes vaiſſeaux, que ſa flotte avoit rencontré ſur la mer, ſans lui avoir declaré la guerre ni que cette Republique lui eut don-

donné aucun juſte ſujet
de pleinte , il a obligé
cette Ville a lui envoyer
ſon Doge , & quatre de
ſes principaux Senateurs
pour s'humilier devant
lui & lui faire des excu-
ſes , d'avoir en couru ſa
diſgrace.

N'eſt ce pas traiter les
Princes étrangers com-
me ſes ſujets que de les
faire aſſigner devant une
Cour qu'il a lui même
êtablie dans une Ville de
ſõ Royaume? Il oſa même
condamner les Genois a
une peine de cent mille
eſcus par Semaine , s'ils
n'obeiſſoient a ce qu'il
leur commandoit , dans

C   le

le temps qu'il leur pres-
crivoit. Et non content
de prendre injuſtement
& impunement les biens
& les Etats des Princes
Souverains, de leur Im-
poſer des Loix & de les
faire paſſer ſous ſon
joug ; il veut encores diſ-
poſer de leurs mariages :
puis qu'il ne veut pas
qu'ils ſe marient a ſon
inſceu & ſans ſa partici-
pation ; juſques là que le
Prince de Carignan de la
maiſõ de Savoye, s'êtant
marié bien qu'il ne fut
pas ſujet de la France, le
Roi vouloit caſſer le ma-
riage qu'il avoit cõtracté
avec la Princeſſe de Mo-
dene,

dene, parce seulement qu'il avoit été contracté a son insceu; & fallut que le Duc de Savoye priat son cousin de se retirer de ses États, pour ne pas attirer sur soy l'indignation du Roy de France. Jamais la maison d'Austriche, lors qu'elle a été dans sa plus grande splendeur, n'en a usé ainsi, même envers les Princes qui êtoient ses sujets.

Si le Roy de France a osé prendre les Etats du Roy de Suede, qui sont en Allemagne aprés tant de services que la Suede lui a rendu, parce qu'ils

font

font a fa bien feance, &
traitér la Republique de
Genes de la maniere que
nous avons dit : y a-t'-il
aucun Prince, ni aucun
Etat qui n'ait fujet de
craindre ? veu même,
qu'il n'y a point d'Etat
en la Chrêtienté a qui ce
Roy n'ait fait querelle de
gayeté de cœur, qu'il s'en
eft pris même au Pape,
ainfi que nous avons re-
marqué, quoy qu'il fe
dife le Fils aifné de l'E-
glife. Si les Princes
Chrêtiens fouffrent fans
fe venger toutes ces in-
fultes, il ne faut point
douter qu'avec le temps
il

il ne les depoüille les uns aprés les autres de leurs Etats ; ne les rende fes fujets & fes éclaves, & enfin la rifée & la moquerit des peuples.

Le Roy de France pretend de parvenir à cette Monarchie Univetfelle de la Chrêtienté. Premierement par la fucceffion du Daufin en tous les Royaumes & Etats du Roy d'Efpagne fon oncle maternel. Secondement par fes rufes & artifices en faifant des traités avec les Princes & Etats qui pourroient

C 3   tra-

traverſer ſes deſſeins,
qu'il ne tiendra qu'au-
tant qu'ils lui feront ne-
ceſſaires, & les rompra
comme il a fait desja,
par pluſieurs fois, lors
qu'ils lui feront prejudi-
cables. Et enfin par le
moyen de ſes forces,
qu'il a toûjours ſur pied,
tandis que les autres
Princes & Etats deſar-
ment & s'endorment
dans le ſein d'une paix
fraudeleuſe, que la Fran-
ce a fait avec eux pour
les ſurprendre. En effect
ne voit on pas qu'au mi-
lieu de la paix, il entre-
tient une armée de plus
de

de cent mille hommes,
pour courir fur le Prince
qui ne voudra pas faire
ce qu'il defirera, avant
qu'il fe recognoiffe ou
qu'il puiffe avoir du fe-
cours de fes voifins?

CHAPITRE IV.

Contenant les Prètenſions du Daufin de France , ſur les Royaumes & Etats du Roy d'Eſpagne , au qu'il il pretend de ſucce-
der , & les raiſons ſur leſquelles on fonde cette ſucceſſion.

QUe la France pre-tende a la ſucceſſion de tous les Royaumes & Etats du Roy d'Eſpagne, il n'en faut point douter: puis que le Daufin de France eſt le ſeul & uni-que nepueu du Roy d'Eſ-pagne & le fils unique de ſa

fa fœur aifnée. Or com-
me tous les Princes de
l'Europe favent, le Roy-
aume d'Efpagne tombe
en quenoüille, les filles
y fuccedent fans contra-
diction au defaut des
mafles. C'eft par la
que le Royaume d'Efpa-
gne eft parvenu a la mai-
fon d'Auftriche, affavoir
par le mariage de Jeanne
fille de Ferdinand Roy
d'Efpagne. C'eft par ce
moyen que les dix &
fept Provinces du Pays
Bas font entrées dans
cette mème maifon par
le mariage de Marie de
Bourgogne avec Maxi-
milian Archiduc d'Au-

C 5 ftri-

ſtriche. Le Daufin de
France ſuccedant a tous
les droits de la Reyne ſa
Mere par droit de repre-
ſentation , comme par-
lent les Juris conſultes ,
il n'y a point de doute ,
que le Roy d'Eſpagne
ſon Oncle venant a mou-
rir ſans enfans , il ne ſoit
le vrai, l'unique & legitime ſucceſſeur de tous ſes
Etats. Et il eſt croya-
ble que le Roy d'Eſpag-
ne ne ſera pas d'une lon-
gue vie & qu'il n'aura
point d'enfans : parce
qu'il eſt fort valetudinaire , & que les pechés
du ſon Pere , qui l'ont
rendu tel , le rendent
inca-

incapable d'en avoir.

Mais on dira contre cette fucceffion, que le Roy de France fon Pere, & l'Infante d'Efpagne fa Mere, ont renoncé par leur contract de mariage a tous les droits & pretentions qu'il pouvoient avoir de prefant ou a l'advenir fur les Royaumes & Etats du Roy d'Efpagne, & que partant il en eft exclus par cette renonciation. Mais le Daufin répondra que cette renonciation a été forcée pour faire le mariage, & que par le droit Romain, qui eft obfervé tant en France

C 6   qu'en

qu'en Espagne on est re-
levé de telles & sembla-
bles renonciations, & re-
tabli dans tous ses
droits. Il répondra en-
cores que son Pere & sa
Mere n'ont peu faire rien
a son préjudice, ni contre
les Loix de l'Espagne,
qui veulent sans restri-
ction, ni exception, que
les filles & leurs enfans
succedent a la Couronne
au defaut des masles, &
que la fille aisnée, & ses
enfans qui la represen-
tent, soient preferés a
la cadette & a ses en-
fans. Et ainsi on ne
peut dire rien de valabie
ni de fort contre cette
succession. Et

Et fi le Roy de France pendant la vie du Roy d'Efpagne fon beau frere, a entrepris non obftant cette renonciation, de demander en vertu d'un pretendu droit de Devolution , diverfes Provinces du Pays Bas, quoy que mal fondé, & que cette devolution n'ait lieu, que lors qu'il ny que des filles du fecond lict, ainfi que le Roy d'Efpagne a fait voir, par fa réponfe au livre intitulé les droits de la Reyne de France: que n'ofera il pas entreprendre aprés la mort du Roy d'Efpagne, qu'il

aura

aura un droit inconteſtable ? Ne mettra il pas tout en œuvre, pour rendre ſon fils poſſeſſeur des Royaumes & Etats, qui lui appartiennent par toute ſorte de droit ?

Le Roy de France a encores fait voir l'année derniére 1685. qu'il ne pretendoit pas s'arreſter a cette renonciation, ni avoir exclu par ce moyen ſon fils, de cette ſucceſſion : puis que ſur le bruit qui courut que le Roy d'Eſpagne, en conſideration du mariage, de l'Electeur de Baviere, avec l'Archiducheſſe fille

le aiſnée de l'Empereur,
& de la ſœur puisnée du
Roy d'Eſpagne, cedoit
a ce Prince la Flandre
Eſpagnole, le Roy de
France envoya en mê-
me temps un courier ex-
prçs au Marquis de Fe-
quiere ſon Ambaſſadeur
en Eſpagne, afin qu'il dit
auRoy d'Eſpagne & a ſes
Miniſtres, que s'il cedoit
la Flandre à cet Electeur,
ou ſi ſeulement il lui en
donnoit le Gouverne-
ment, il rompoit la
Treve & lui declaroit la
guerre; il adjouta en-
cores que cettoit au pre-
judice des pretentions
du

du Daufin son fils. Il fit
signifier la même chose
aux Etats d'Hollande
par le Comte d'Avaux
son Ambassadeur. Aprés
cela peut on douter que
le Daufin de France ne
pretende sur tous les
Etats du Roy d'Espagne.
Ceci est aussi digne de remarque, que le Roy de
France deffendoit au Roi
d'Espagne, par les me-
moires que son Ambas-
sadeur lui presenta, de
disposer du Gouverne-
ment du Pays Bas en fa-
veur de l'Electeur de Ba-
viere: qui êtoit empe-
cher ce Prince de dispo-
ser

fer de la conduite & du
gouvernement de fes
Etats fuivant fa volonté,
& ainfi il la traité, comme fon fujet & depen-
dant de fon authorité.

CHA-

CHAPITRE V.

Les soins que le Roy de France prend pour faire que le Daufin j'ouiße de cette succeßion, & les moyens qu'il employe pour cela.

Le Roy de France travaille a faire avoir a son fils la succeßion d'Espagne & les moyens & artifies qu'il emploge.

QUi plus est le Roy de France travaille visiblement depuis long temps a ôter les obstacles, qui pourroient troubler ou empêcher cette succeßion. Premierement par la Tréve de 20 ans, qu'il a fait avec l'Espagne, l'Empereur & la Hollande,

par

par laquelle il endort ces Princes & Etats a fin qu'ils ne lui faſſent la guerre, & ne s'oppoſent a ſes pretenſions, ſous l'eſperance qu'il leur donne que pendant les vingt ans que doit durer cette Treve, il les laiſſera en paix & n'entreprendra aucune choſe ſur eux. Mais s'il a violé la Paix de Nimegue, qu'il avoit ſainctement jurée, & qu'il avoit recherchée avec tant d'empreſſement, qui nous aſſeurera qu'il ne rompra point la Treve, qui eſt bien moins que la Paix?

Na

Na-t-il pas menacé l'Efpagne & la Hollande de la rompre , fi feulement le Roy d'Efpagne , donnoit le Gouvernement du Pays Bas à l'Electeur de Baviere? y avoit il un pretexte plus leger je ne diray pas plus ridicule , que de vouloir lier les moins du Roy d'Efpagne , borner fon authorité & l'empecher de difpofer du Gouvernement de fes Etats? Les pretextes que la France prit pour faire la guerre aux Etats d'Hollande , & a la Republique de Genes , font voir a toute la terre qu'elle ne man-

manquera j'amais de pre-
texte pour rompre la
Treve ; car qu'eſt ce que
les Hollandois avoient
fait au Roi de France,
pour leur faire la guerre ?
ils avoient veſcu preſque
juſques alors, dans une
perpetuelle alliance ; il
diſoit pour toute raiſon,
qu'ils êtoient des ingrats
& des orgueilleux, des
Ingrats parce qu'ils s'ê-
toint oppoſés a ſes deſ-
ſeins, & l'avoient empe-
ché qu'il ne fit la con-
quête de toute la Flan-
dre Eſpagnole ? & des
Orgueillieux , parce
qu'ils ſe rendoient les
Arbitres des Rois & ſe
me-

meloient de leurs diffe-
rens, en quoy difoit.
Il, ils s'égalloient aux
Rai-
fons
pour les
quelles
la Fran-
ce a fait
guerre a
la Hol-
lande. têtes couronnées. Mais
les Hollandois avoient
ils pas interêt d'empe-
cher que le Roy de
France ne fe rendit Maî-
tre de toute la Flandre,
puis qu'ayant fubjugué
ce Pays, il auroit dit
fans doute, qu'il avoit
le même droit fur la Hol-
lande, qu'il avoit fur la
Flandre. Les Hollan-
dois êtans Alliés du
Roy d'Efpagne pou-
voyent ils abandonner
leur Allié, ni laiffer
prendre un Pays qui leur
êtoit fi voifin & qui leur
fer-

servoit de rempart & de barriere ? Si le Roy de France dit que ses predecesseurs Louis X I I I. son Pere , & Henry I V. son ayeul , ont servi les Hollandois, & leur ont fourni des troupes , & l'argent necessaire pour les entretenir, lors qu'ils étoient en guerre avec l'Espagne. Les Hollandois repondront avec raison , qu'ils en ont témoigné leur recognoissance , comme toute l'Europe en est fidele têmoin : puis qu'au prejudice de leur Religion , & de leur interêt, leurs vaisseaux ont aydé a

pren-

prendre la Rochelle. que c'êtoit l'interêt de la France qui la faisoit agir pour abaisser l'Espagne & faire diversion de ses armes. Que ses predecesseurs s'y êtoient engagés par des Traités Solemnels faits entreux & leur Etat, & qu'ainsi ils ne fasoient que leur devoir & ce a quoy, ils s'êtoient volontairement obligés eux mêmes. Enfin que la recognoissance, comme toutes les autres vertus a ses bornes, & parce qu'un Pere m'aura servy, dois je souffrir que ses enfans me detruisent?

Se-

Secondement le Roy deFrance pour s'ouvrir le chemin a cette succession a fait aux Genois la querelle dont nous avons parlé. Il voyoit que cette Republique étoit Alliée de l'Espagne & a l'entrée de l'Italie, & qu'etant puissante en argent, elle pouvoit servir l'Espagne & porter tous les Princes d'Italie a se joindre avec elle pour empecher, que la France ne s'emparat du Milanois, du Royaume de Naples & de la Sicile qui appartiennent a l'Espagne. Et par l'insulte que la France a fait a cet-

D te

te Republique, elle a creu
intimider tous les
Princes & Etats d'Italie
& empecher qu'ils ne
fecourent les Efpagnols,
& troublent cette fuccef-
fion, lors qu'elle arrivera. Les pretextes que
le Roy de France prit
lors qu'il a attaqué les
Genois font frivoles,
pour ne dire pas redicu-
les.

Car en premier lieu,
il vouloit qu'ils renon-
caffent a l'Alliance, &
à la Protection d'Efpag-
ne, qui eft comme fi les
loups, pour avoir paix
avec les brebis, leur de-
mandoient qu'ils n'euf-
fent

sent point des Bergers
pour les garder, ni des
chiens pour les deffen-
dre. Il y a plus de cent
ans que la Republique de
Genes est sous la prote-
ction d'Espagne & il ny
a point de Prince plus
voisin, ny qui peut
mieux la defendre, s'il y
avoit bon ordre dans les
Etats que le Roy d'Espa-
gne a dans l'Italie. En
second lieu le Roy de
France demandoit aux
Genois, qu'ils établis-
sent le Comte de Fiesque
dans ses biens & hon-
neurs, dont il avoit
été justement depoüillé
depuis plus de cent qua-

D 2 rante

rante ans , pour avoir
voulu trahir ſa Patrie &
la livrer entre les mains
des ennemis. Et y a-
voit il au monde une de-
mande plus injuſte , ni
plus de raiſonnable ?

Il a auſſi pour la mê-
me raiſon demandé aux
Princes d'Allemagne ce
qu'ils tiennent de l'an-
cien Royaume d'Au-
ſtraſie, & les a depuis la
paix de Nimegue fait aſ-
ſigner devant ſa Cour de
Mets, pour les intimider
& empécher qu'ils ne ſe-
courent l'Eſpagne, & qu'-
ils ne ſe joignent a l'Empereur pour la deffendre,
lors que cette ſucceſſion
ar-

arrivera. Car quel droit
a le Roy de France fur le
Royaume d'Auftrafie ?
qui a été detruit il y a
plus de fept cens ans, &
fur lequel Hugues Capet
fon autheur n'a eu jamais
aucun droit; & deplus les
Princes qu'il a depoüil-
lés ou leurs autheurs ont
jouy plus de cinq ou fix
cens ans dès Etats dont
il les a injuftement de-
poffedés. Je dis injufte-
ment, puis que ça été par
des arrêts d'une Cour
qu'il a établi lui même,
dont ces Princes ne rele-
voient point & qu'ils ne
devoient point recog-
noître, puis qu'en en ce

fai-

faifant ils euſſent recognu pour leur juge celuy qui êtoit leur partie formelle.

C'eſt encores pour ſe faciliter cette ſucceſſion, qu'il fait de temps en temps des nouvelles demandes aux Eſpagnols, & les oblige par les ravages qu'il fait dans leur pays, ſans leur declarer la guerre, de luy accorder ce qu'il demande, afin que quand le Roy d'Eſpagne ſera mort, ils ne s'oppoſent point a la ſucceſſion du Daufin, mais lui accordent comme ils ont fait par lepaſſé, ce qu'il leur demandera.

dera. Et les Espognols êtans accoûtumés depuis long temps de donner au Roy de France, ce qu'il leur demande , & de lui laisser ce qu'il prend sur eux, ne voyant point lors que la mort de leur Roy arrivera , une puissance assés forte pour empecher qu'ils ne tombent sous la domination de la France, l'Empereur étant êloigné ou occupé ailleurs , sans les pouvoir secourir: ils ny a point de doute, si les Princes Chrêtiens ny remedient de bonne heure, que les Espagnols se sou-mettront au joug in-

su-

fuportable des François.
C'eſt auſſi pour faire
que le Daufin jouiſſe de
cette ſucceſſion que le
Roy de France entre-
tient la guerre entre
l'Empereur & les Turcs,
qu'il aſſiſte le Tekeli, &
qu'il travaille puiſſament
envers le Roy de Polog-
ne pour le detacher des
interêts de l'Empereur,
& le porter comme il a
fait depuis deux ans, a ne
point agir contre cet
ennemi commun des
Chrêtiens, afin que l'Em-
pereur ayant toutes les
forces Ottomanes ſur les
bras, ne puiſſe pas recouvrer, ce que ces infide-
les

les luy ont pris dans la
Hongrie , ou qu'eſtant
occupé dans la guerre
contre le grand Seig-
neur , il ne puiſſe pas luy
diſputer cette ſucceſſion.
Et pour engager le Roy
de Pologne dans ſes in-
terêts , & le detourner
d'aſſiſter l'Empereur en
cette guerre , ſi utile au
bien de la Chrêtienté : Il
a donné au ſecond fils de
ce Roy les Abbayes de
St. Germain , & de St.
Denys , qui valent deux
cens mille livres de ren-
te , & fait ſon beau-pere
Duc & Pair de France ,
& promis a la Reine ſon
Epouſe qui de ſimple de-

moiſelleFrançoiſe qu'elle étoit, par la valeur de ſon mary & ſa propre vertu eſt montée ſur le Thrône de la Pologne, que venant en France, comme elle temoignoit le deſirer, de la faire traiter en Reyne : ce que le Roy de France avoit auparavant fierement refuſé, diſant qu'elle étoit née ſa ſujette. C'eſt pour la même fin, qu'il a fait ligue offenſive & deffenſive avec le Roy de Dannemarc, pour empecher le Roy de Suede de ſecourir l'Empereur contre les infideles, tenir en crainte les Hollandois,

dois , & faire que ces deux puiſſances , ne ſe joignent avec les autres Princes & Etats Chrêtiens , qui ont interêt a troubler la ſucceſſion du Daufin.

C'eſt pour cela qu'il prend tant de ſoin a diviſer l'Angleterre animant & excitant par ſes Emiſſaires, les Epiſcopaux contre les Presbyteriens, & les Presbyteriens contre les Epiſcopaux. Et en pouſſant le Roy a êtablir l'exercice public de la Religion Catholique & Apoſtolique Romaine dans tous ſes Etats , & a priver ſes

sujets de leurs libertés &
de leurs Privileges , afin
d'Allumer une guerre
civile dans ce Royaume;
comme la France fit au
temps de Charles pre-
mier, que son Ambas-
sadeur en faisant sem-
blant d'esteindre le feu
de la guerre qui s'y allu-
moit, par ses Emissaires,
il travailla de toute sa
puissance a l'augmenter,
& a le rendre tel, qu'il
ne peut de long temps
s'éteindre.

Aussi quand cet Am-
bassadeur fut de retour
en France, il se vanta
qu'en suivant les ordres
de sa Majesté , il avoit
al-

allumé un feu en Angle-
terre , qui ne s'eftein-
droit pas de long tems, &
que de vingt ans, les An-
glois ne feroient point
en état , de demander
aucune chofe a la France.
Et cette guerre civile
qui fallit a perdre cetEtat
& y caufa des fi grands
changemens, y fut allu-
mée en excitant les Epif-
copaux contre les Pres-
byteriens & les Presby-
teriens contre les Epif-
copaux ; & on porta ce
poure & malheureux
Prince a vouloir établir
une conformite de fervi-
ce divin exterieur , dans
tous les trois Royaumes
ce

ce qui sembloit tres juste & tres raisonnable; & neantmoins ce fut la cause de sa perte. Ce qui doit être une leçon a Jaques second, Roy d'Angleterre son fils, a se ménager sur le fait de la Religion, qui est un point fort delicat, & dont les mescontens se servent ordinairement pour exciter des guerres civiles & troubler le repos des Etats.

C'est pour cette succession, que la France n'espargne rien, pour mettre la divisiō & la discorde, dans les Provinces Unies, qui sont Alliées

liées de l'Espagne, & son
principal soûtien, a cause
de l'interêt qu'elles ont
a la conservation de la
Flandre qui leur sert de
barriere comme nous
avons dit. Afin que ces
Provinces êtans divi-
sées, ne puissent secourir
l'Espagne ni empecher
que le Daufin ne jouisse
de sa succession. C'est par
ce moyen que la France
empecha qu'on ne secou-
rut Luxembourg en
l'année 1684. qui êtant la
plus considerable place
de la Flandre Espagnole,
faisoit que sa conserva-
tion êtoit tres utile aux
Provinces Unies & sa
per-

perte tres dommageable.
Ces Provinces ne subsi-
stant que par l'union &
la concorde qui est entre
les chefs, & les mem-
bres, qui composent ce
corps, c'est par la dissen-
sion, & la discorde, que
leurs ennemis y ont se-
mée, qu'ils ont falli
deux ou trois fois a les
perdre. La division que
la France y avoit fo-
mentée avant que les at-
taquer, fut là cause de la
perte de tant de Villes &
de deux ou trois Provin-
ces. Et comme on sait
que les peuples des Pro-
vinces Unies ont été
toû-

toûjours jaloux de leur
liberté, les Emiſſaires &
Eſcrivains a gages de la
France, vont inſinuant
ſans ceſſe, dans l'Eſprit
des Magiſtrats & même
du peuple, que les Prin-
ces d'Orange qui ſont les
Colomnes de cet Etat,
veulent s'en rendre les
Souverains, pour a bat-
tre par leurs fauſſetés &
impoſtures inſignes ces
grands & puiſſans appuis
de la Republique, pour
perdre en ſuite cette Re-
publique, qui ne s'eſt cõ-
ſervée & rendue conſide-
rable dans le monde, que
par la valeur, fidelité, &
ſage

fage conduite des Princes de cette maison.

Que n'a on pas fait pour divifer la Ville d'Amfterdam des autres Villes, & une Province de l'autre? on n'a epargné ni or, ni argent, ni promeffes, ni recompenfes. C'eft une chofe qui faute, aux yeux, que tous les grands foins qu'on a employé, & qu'on employe, pour divifer l'Angleterre & la Hollande, ne tendent uniquement, qu'a empecher que ces deux Etats, qui font puiffans, n'affiftent la maifon d'Auftriche, & ne fervent d'obftacle

à la

à la pretendue succession
de la France.

Enfin le Roy de France pour endormir le Pape & les Princes Catholiques, s'employe avec tant de soin a detruire les Huguenots de son Royaume. Mais le St. Pere & les Princes Catholiques, qui sont êclairés comme luy, voyent bien que ce n'est pas le zele qu'il a pour la Religion Catholique, qui le fait ainsi agir, mais qu'il se sert de ce moyen, pour couvrir les maux qu'il fait a la Chrêtienté. En effect quel zele ou quelle pieté peut avoir

un

un Prince, qui n'a ni Foi
ni Loi, & qui a paſſé toute ſa vie dans le vice? Si
le zele de la Religion le
faiſoit agir, auroit il aſſi-
ſté, comme il a fait les
Proteſtans d'Hongrie
contre l'Empereur? Au-
roit il fait venir le Turc
dans l'Allemagne com-
me toute la Chrêtienté
fait? auroit il enfin ſemé
la Zizanie & la diſcorde
dans l'Egliſe? en faiſant
declarer à ſon Clergé,
que le Pape n'étoit pas
infaillible, & ne pou-
voit faire ni êtablir au-
cun article de foy, ſans
le conſentement de l'E-
gliſe? Car puis que les
Ca-

Catholiques qui font en
Italie, en Efpagne, en
Allemagne, & en Pologne, font dans le fenti-
ment que le Pape eft in-
faillible, & qu'il peut
faire & etablir des arti-
cles de foy, même fans
le côfentement des Con-
ciles; n'eft ce pas dêchi-
rer l'Eglife que d'y in-
troduire des fentimens
contraires? Si le Pape
n'eft pas infallible & ne
peut fans le confente-
ment de l'Eglife faire des
articles de foy, que de-
vindront tant de dog-
mes, que les Papes ont
introduit dans l'Eglife?

La conduite du Roy
de

de France fait voir clairement qu'il n'agit point par un veritable principe de Religion, & que bien loin qu'on le croye pour ami de la Chrêtienté & vray fils de l'Eglife, il en eſt au contraire l'ennemi & le deſtructeur. Ennemi plus a craindre que le Turc même, parce que le Turc eſt un Ennemi decouvert & dont on ſe peut donner garde : au lieu que le Roi de France eſt un Ennemi caché & qui a ſes Etats, au milieu de la Chrêtienté. Et ce Prince n'ayant autre Religion que ſon Ambition, ni autre Pieté que ſon

fon interêt, tout ce qu'il
fait doit être fufpect aux
Princes Chrêtiens, qui
fans delay fe doivent u-
nir & s'armer contre lui,
pour empecher cette
pretendue fucceffion:au-
trement il eft impoffible,
s'il fe rend une fois maître des Etats du Roy
d'Efpagne, comme il le
faira immancablement,
fi on n'y pourvoit de
bonne heure, qu'il ne de-
vienne le Monarque Uni-
verfel de la Chrêtienté,
& ne depoüille les autres
Princes de leurs Etats,
où ne les affujetiffe a fa
domination & a fa puif-
fance.

Si

Si le Roy d'Efpagne vient a mourir, comme cela peut arriver & même bien-tôt, puis-qu'il a un corps fi fluet & fi valetudinaire; Les Efpagnols êtans fans armées, & fe repofans fous le manteau trompeur de la Treve; l'Empereur etant occupé a la guerre contre le Turc, & les autres Princes êtans divifés ou Alliés de la France, qui defendra l'Efpagne, ou qui empechera le Daufin de fe mettre en poffeffion de fa pretendue fucceffion?

La premiére chofe que le Daufin faira, felon tou-

toutes les aparences, il tachera par le moyen de la Reyne d'Espagne, qui est Françoise & sa Cousine Germaine, & par l'Ambassadeur de France, & ses pensionnaires, de gagner & engager dans ses interêts les Principaux d'Espagne & ceux qui ont plus de credit dans le Royaume, & n'espagnera ni or, ni argent, ni promesses, ni recompenses pour en venir aboût. Secondement il courra en toute diligence a Madrid, qui est la Capitale de tout le Royaume, il laissera sur la frontiere dix ou douze

Ce que faira le Daufin pour succeder au Roy d'Espagne.

E   mille

mille hommes, pour tenir en bride les Places que l'Espagne y a, & avec une armée de soixante mille hommes qu'il amenera avec lui, il se presentera devant Madrid, qui n'ayant point des forces suffisantes pour se deffendre, lui ouvrira les portes. Et le Daufin s'étant rendu maître de la Capitale d'Espagne & ayant gagné les principaux Seigneurs, il n'aura point de peine a se rendre maître du reste, mais les uns à l'enui des autres le viendront recognoître pour leur Roy.

En

En troifiéme lieu le
Daufin employera les
Principaux de la Cour
d'Efpagne qu'il aura ga-
gné de gré ou par force,
pour attirer dans fes in-
terêts les Vice-Roys
de Naples, de Sicile, &
de Sardaigne, les Gou-
verneurs de Milan, du
Pays Bas, & des autres
Provinces ou Places, qui
font tant dans l'Italie
qu'allieurs, & leur faira
êcrire des lettres pour
les obliger a le recognoître, il leur envoyera des
patentes pour les conti-
nuer dans leur gouverne-
ment & n'êpargnera au-
cun moyen, ni artifice

E 2 pour

pour les gagner & les engager dans ſes Inte-rêts.

L'Eſpagne êtant con-tigue a la France, le Daufin s'en êtant rendu le maître & le poſſeſſeur, & de toüs les Royaumes & Etats qui apartien-nent au Roy d'Eſpagne, la France ſera le plus grand, & le plus puiſ-ſant Etat qui ſoit au monde ; Et ſi a preſant le Roy de France fait la loy aux autres Princes & les traite comme s'ils êtoient ſes ſujets, que ne faira il pas ſi on le laiſ-ſe devenir ſi puiſſant? ne parviendra il pas a la
Mo-

Monarchie , univerſelle
ou il aſpire , & qui oſe-
ra ou qui pourra aprés ſi
oppoſér ?

CHAPITRE VI.

Contenant l'interêt que les
Eſpagnols , l'Empereur,
le Pape , les Princes
d'Italie , & les Princes
& Villes de l'Empire ont
a s'oppoſer a cette pre-
tenduë ſucceſſion , avec
les pretentions du Roy
de France ſur l'Empire.

LES premiers qui ont *L'In-*
interêt , a empecher *terêt*
des E-
la prétenduë ſucceſſion *ſpa-*
du Daufin , ſont les Eſpa- *gnols,*
E 3 gnols

gnols. Car ce leur se-
roit une chose honteuse,
de s'assujettir aux Fran-
çois, qui ont été de
tout temps, leurs natu-
rels ennemis, qui les
ont toûjours traversés,
se sont toûjours opposés
a leurs progrés & a leurs
conquetes, se sont joints
a leurs ennemis pour
leur faire la guerre, ont
favorisé & fomenté tous
les soulevemens, qui
sont arrivés dans leur
Etat ; & n'ont rien
êpargné pour les perdre.
Et si les François aprés
avoir affoibli l'Espagne
par tant de guerres, &
par tant d'ennemis
qu'ils

qu'ils lui ont de temps
en temps suscité, insul-
tent les Espagnols &
leur demandent en se
moquant d'eux, qu'est
devenuë cette Monar-
chie Universelle ou vous
aspiriés, que sont deve-
nus tant de victoires,
que vous remporties?
Vous croyés nous faire
passer sous le joug, &
nous assujettir a vôtre
puissance, & vous êtes
passés malgré que vous
en ayés eu, sous la nô-
tre. Bien loin d'étendre
vos conquetes, comme
vous faisiés dans l'un &
l'autre monde, vous
étes en peine de conser-

ver ce que vous tenés, &
même vous ne le pourri-
és fans l'affiftance de vos
Alliés. Que ne fairont
ils pas , fi une fois les
Efpagnols font affujettis
a la France , ne fe mo-
queront ils pas deux? Ne
leur reprocheront ils pas
leur lacheté , & ne les in-
fulteront ils pas dans
leur mifere ? Les Efpa-
gnols êtant un peuple li-
bre , qui ont vefçu
fous des Rois , qui les
ont traités benigne-
ment, pourront ils fouf-
frir qu'on les traite en
Efclaves, qu'on les ac-
cable des tailles & d'im-
pots , ainfi que le Roy
de

de France fait ſes natu-
rels ſujets ? Enfin aprés
qu'on les aura aſſujettis,
on les privera des char-
ges publiques & des Em-
plois conſiderables de
l'Etat. Et les Eſpagnols
ne doivent ils pas con-
ſerver leurs libertés &
leurs privileges au peril
de leur ſang, & travail-
ler de bonne heure a ſe
guarentir de l'eſclavage
des François ? Le traite-
ment que le Roy de
France fait a ſes propres
ſujets doit faire ap-
prehander aux Eſpa-
gnols, une domination
ſi tyrannique & ſi inſu-
portable ?

Aprés

Aprés les Espagnols,
il ny a personne qui ait,
plus d'interêt de s'oppo-
ser a cette succession, que
l'Empereur : la raison est,
que l'Empereur & ses
enfans mâles sont par le
testament de Philippe
IV. declarés les heretiers
& les successeurs du Roi
d'Espagne en tous ses
Etats. Et ne s'oppo-
sant pas a la succession
du Daufin, il se prive-
roit & ses enfans de cet
advantage. En second
lieu la maison d'Austri-
che étant divisée en
deux branches, c'elle
d'Allemagne & c'elle
d'Espagne, si l'Empe-
reur

reur permet que la Fran-
-ce s'empare des Etats du
Roy d'Efpagne, il fe pri-
ve de fon plus grand, &
plus confiderable appuy,
& du fecours qu'ils pour-
roit dans le befoin tirer
de l'Efpagne, qui lui fut
fi utile, en la guerre que
Ferdinand fecond, eut
contre la Suede ; au mo-
yen duquel l'Empereur
gagna la bataille de Nor-
lingue & fallit a chaffer
les Suedois d'Allema-
gne. Et l'Empereur ayant
perdu cet appui, & fes alliés êtant occupés en des
guerres civiles, contre
leurs voifins, qui leur
feront fufcitées, par les

intrigues de la France,
Il est à craindre que le
Roy de France venant a
tourner toutes ses forces
contre l'Empereur, il ne
le depoüille de l'Empire,
aprés l'avoir privé de
ses pretentions sur l'E-
spagne. Qui plus est
l'Empereur sait, que le
Roy de France aspire de-
puis long temps a l'Em-
pire, & qu'il a fait &
fait tout tout son possi-
ble pour y parvenir. Car
dés que Ferdinand troi-
siéme sut mort, on vit
dans toutes les Cours
des Electeurs, des En-
voyés de France, pour
tacher d'avoir par toute
forte

forte de voyes les fuffrages de ces Princes. On n'epargna ni or ni argent, ni promeffes , ni recompenfes envers ceux qui avoient du pouvoir aprés des Electeurs. Et n'ayant peu y parvenir par cette voye, il a recerché leur l'Alliance. pour les attirer dans fes interêts , par l'eftime qu'il en faifoit. Il a encores, pour faire voir fes pretentions fur l'Empire, fait battre de la Monoye avec fon efigie, ayant une Aigle , fur la tête, & a dit hautement & fierement que l'Empire

avoit

avoit été affez long
tems, dans la maifon
d'Auftriche,& qu'il vou-
loit qu'il revint dans la
fienne. Et en l'année
quatre vingts trois, qu'il
fit venir les Turcs en
Allemagne , comme
tout le monde l'affeure
& fa conduite le confir-
me, il dreffa deux puif-
fantes armées , qu'il
campa, l'une fur la Sar-
re & l'autre fur la Soone.
Il faifoit a croire aux
Turcs, qu'avec l'une il
vouloit attaquer l'Empi-
re du côté du Rhin , &
avec l'autre tenir en
crainte le Pape & les
Princes d'Italie, pour les
em-

empecher de secourir
l'Empereur , mais en ef-
fet cétoit comme on la
sçeu tres-bien , sur l'es-
perance que les Alle-
mans voyant la Ville de
Vienne prise,& l'Empire
exposé en proye aux in-
fideles , seroient con-
trains de luy venir offrir
l'Empire.

Le Pape a aussi un no-
table interêt a empecher
cette succession , parce
que si le Roy de France
êtoit Roy d'Espagne , il
priveroit le Saint Pere
des Annates & de la Re-
gale , dans tous les Roy-
aumes & Etats qui de-
pendent de la Couronne.
d'Espa-

d'Espagne, comme il a
fait, il ny a pas long
temps dans la France;
& par ce moyen le de-
poüilleroit d'un de ses
plus beaux & plus liqui-
des revenus. Il faudroit
même qu'au lieu que les
autres Rois se sousmet-
tent au Pape, que le Pa-
pe se soûmit a lui, & fit
tout ce qu'il voudroit,
autrement il seroit a
craindre, qu'il ne lui
ôtat son Patrimoine &
l'authorité qu'il à a Ro-
me, en se faisant créer
Empereur, & en établis-
sant son siege Imperial a
Rome, a la façon des
Anciens Empereurs. Le
Saint

Saint Pere auroit beau
dire, que Pepin Roy de
France, lui a cedé l'Ex-
archat de Ravenne, que
l'Empereur Charlemag-
ne & ses successeurs, lui
ont cedé, toutes les pre-
tentions, qu'ils avoyent
sur Rome, & sur son
Patrimoine, en considé-
ration de ce qu'il leur a
donné la Couronne Im-
periale : tout cela ne ser-
viroit que contre le St.
Pere. Car la France lui
repartiroit, puis que Pe-
pin vous a cedé l'Exar-
chat de Ravenne, il étoit
sien, autrement il ne vous
l'auroit pas donné. Et
quand Charlemagne &
ses

ses succesfeurs vous ont cedé comme Empereurs & Rois de France, les droits qu'ils avoient sur Rome, & sur ce que vous posfedés en Italie; cêt un temoignage qu'ils en étoient les Maîtres, puis qu'ils en disposerent en vôtre faveur. Et ne savés vous pas que les Empereurs, ni les Rois de France, ne peuvent rien faire au préjudice de leurs Succesfeurs, mais seulement a leur advantage?

Et s'il a suffi au Roi de France pour depoüiller les Princes du Rhin de leurs Etats de dire devant

vant ſa Cour de Mets,
que ce qu'il leur deman-
doit, & qu'il leur a ôté
en ſuite, étoit des de-
pendances de l'ancien
Royaume d'Auſtraſie,
que ſes predeceſſeurs
Dagobert & Lothaire,
avoient tenu; ne ſuffira
il pas a ce même Roy de
dire au St. Pere, que Ro-
me a été le ſiege & la ville capitale de l'ancien
Empire Romain, &
qu'étant Empereur cet-
te Ville lui appartient,
de même que tou-
te l'Italie. Et s'il vient
a étre mal avec le Pape,
comme cela eſt depuis
peu arrivé, le Roy de
Fran-

France êtant, au moyen
de la succeſſion de Dau-
fin, maître du Royaume
de Naples & de Sicile
en faiſant ſemblant d'al-
ler dans ces Royaumes
pourroit bien en paſſant
ſe rendre auſſi Maître de
Rome & depoüiller le
Saint Pere de ſon Patri-
moine. Il dira encores
au Pape, ce qu'il diſoit
aux Hollandois lors
qu'il leur declára la guerre, qu'il eſt un ingrat,
qu'il ne recognoit point
les biens faits de ſes predeceſſeurs, & que comme
t'el il merité d'être privé des graces & des ad-
vantages qu'ils ont fait
aux

aux Papes. L'ambition
du Roy de France n'a-
yant point de bornes,
tout eſt a craindre pour
le Saint Pere, & le trai-
tement qu'il lui a desjà
fait, ne lui donne pas
ſujet de rien eſperer a
l'advenir de bon, s'il
vient a bout de ſes deſ-
ſeins & de ſes pretenti-
ons. Si le Roi de Fran-
ce eſt maître du Milanois
& des Royaumes de Na-
ples & de Sicile, dés
que le Saint Pere refuſe-
ra de faire, ce qu'il voü-
dra; Il dreſſera contre
lui une Cour de depen-
dance, dans l'Italie, ſe
faira adjuger par arrêt
Sou-

Souverain de cette
Cour, tout ce qui a été
de l'ancien Empire &
ainſi voila le Saint Pere
reduit en l'état, que-
toient les Papes, lors
que Rome êtoit Payen-
ne, & que les Empereurs
les faiſoient mourir, ou
les chaſſoit de la Ville de
Rome. Et même s'il
lui vient en fantaiſie il
les releguera en Avi-
gnon, ou les Papes ont
tenu leur ſiege l'eſpace
de ſoixante & dix ans,
limitera leur puiſſance &
les obligera a faire ſelon
ſa volonté, de même
qu'il a fait aux Eveques
de ſon Royaume. Auſſi
a-t'-il

a-t'-il dit a diverses fois, que ses predecesseurs ont fait les Papes, & qu'il les pourroit bien defaire.

Les Princes d'Italie ont aussi grand interêt a se precautionner contre cette pretenduë succession; car si le Roy de France êtoit une fois maître des Etats que les Roi d'Espagne a dans l'Italie, il feroit a craindre, qu'il n'envahit les Etats des autres Princes. Et qu'il n'établit dans quelque ville d'Italie u-ne Cour semblable à cel-le de Mets, & les fit as-signer l'un aprés l'autre

en

en cette Cour, pour leur
demander, ce qu'ils tien-
nent de l'ancien Royau-
me des Lombards, qui
a été aux Rois de France;
& aprés avoir ôté aux
Princes d'Italie, ce que
les Lombards y ont te-
nu, il ne demandat, ce
que Charlemagne & ses
successeurs ont eu dans
l'Italie; puis qu'il a le
même droit sur les Prin-
ces d'Italie, qu'il avoit
sur les Etats qu'il a pris
aux Princes d'Allema-
gne comme successeur
de Lothaire & de Dago-
bert, Roi d'Austrasie. Et
le Roy de France étant
maître de l'Italie, le
Duc

Duc de Savoye ne seroit
pas asseuré de joüir long
tems de ses Etats, qui se
trouvant au passage, &
sur le chemin de ce Roi,
en allant en Italie, il seroit a craindre, qu'il ne
lui print envie, de s'en
saisir par droit de bien
seance, comme il a fait
de la Lorraine & de la
Comté de Montbeliard,
qu'il a trouvées sur son
chemin en allant en Al-
sasse.

Et les Ducs de Savoye
le doivent d'autant plus
apprehender, que les
Rois de France par deux
fois, se sont rendus
Maîtres de ses Etats.

F   C'est

C'eft auffi l'interêt des Princes d'Allemagne. Il en a desja depoüillé, quelques uns de leurs Etats, le plus injuste-ment du monde, & par une voye innoüye dans les Siecles paffés. Car on ne trouve point dans l'Hiftoire qu'il y ait ja-mais eu aucun Tyran, ni aucun conquerant, qui ait dreffé, pour avoir ou envahir les biens ou les Etats des autres Prin-ces, une Cour femblable a celle de Mets. N'eft ce pas une injuftice cri-ante & qui fletrira pour jamais la gloire du Roy de France? que de faire

affi-

affigner des Princes E-
trangers, qui ne relevent
point de fa couronne, de-
vant une Cour qu'il a
lui même établie , &
fous le manteau de la ju-
ftice , les defpoüiller de
leurs Etats? fi on peut ap-
peller manteau de ju-
ftice , plûtôt qu'une vo-
lerie & un brigandage ,
des juges établis & choi-
fis par un Prince , qui eft
lui même partie, & qui
ne font & n'ordonnent,
que ce qu'il leur a com-
mandé. Si le Roi de
France eft Maître des
Etats & Royaumes du
Roi d'Efpagne, comme il
le déviendra , infallible-

ment, si tous les Princes ne se liguent de bonne heure, pour l'empecher, & qu'aprés il fasse venir les Turcs en Allemagne comme il a fait ces années dernieres ; & si pendant que les infideles attaqueront l'Austriche, le Roi de France attaque le Prince Palatin, sous pretexte qu'il n'a pas voulu faire raison a Madame d'Orleans sur certains droits, qu'elle demandoit & pretendoit dans le Palatinat, si aprés avoir donné ses interêts au Pape de même que cette Dame, il a retiré sa parole, qui est le Prin-

Prince qui l'affiftera ou
le defendra? l'Empereur?
il ne paurra le faire étant
en guerre avec le Turc,
& les autres Princes
d'Allemagne n'oferont,
car s'ils n'ont point ofé
defendre la Ville de
Strasbourg, ni s'oppofer
au injuftes arrêts de la
Cour de Mets, en vertu
defquels le Roi de Fran-
ce a depouillé trois ou
quatre Princes; voyans
le Roi fi puiffant & l'Empereur occupé allieurs
contre un puiffant enne-
mi, ils fe contenteront de
demeurer Neutres. Et
aprés qu'il aura depoüil-
lé le Prince Palatin de

F 3   fes

ſes Etats, il faira aſſigner les Archevêques, de
Mayence & de Treves
devant ſa Cour de Mets,
ſoû-tiendra que ce qu'ils
tiennent, eſt de l'ancien
Royaume d'Auſtraſie,
en tout, ou en partie, &
faira ordonner a cette
Cour ce qu'il lui plaira;
en ſuite executant avec
une armée les Arrêts de
cette injuſte Cour, il les
privera de leurs Etats &
s'en rendra le maître;
& pendant qu'il agira
ainſi contre ces deux
Princes, il proteſtera a
l'Archevêque de Collo-
gne qu'il veut entretenir
l'alliance qu'il a faite a-
vec

vec lui , & aux autres
Princes, qu'il ne pretend
rien fur leurs Etats. Et
les Princes d'Allemagne
étans divifés & ayans
des pretentions les uns
fur les Etats des autres,
il entretiendra cette di-
vifion, & fous pretexte
d'affifter les uns a recouvrer leurs pretendus
droits, il depoüillera les
autres de leurs Etats,
& les ruinera les uns a-
prés les autres , & l'un
par l'autre.

Qui plus eft l'Empe-
reur étant en guerre avec
le Turc, & le Roy de
France attaquant l'Em-
pire, ou les Princes de

l'Eml'Empire voifins de la France, de la maniere que nous avons dit , il ni a point de doute qu'il n'en devienne le maître ; Et étant Empereur, les Princes de l'Empire qu'il n'aura pas encores depoüillés , mais engagé dans fes interêts par des belles promeffes, feront depoüilleés , par lui ou par fes fucceffeurs en fuite ; & les Princ. d'Allem. ont fujet de le craindre, puis qu'ils favent que la France étoit autrefois divifée comme eft aujourd'hui l'Allemagne en diverfes principautés. Il y avoit les Ducs de No-

Normandie , de Breta-
gne , d'Anjou , & de
Guienne , les Comtes de
Tolose , de Provence &
d'Auvergne , le Prince
du Daufiné & plusieurs
autres Princes Souve-
rains , que les Roys de
France ont depoüillés. Et
les Rois de France n'a-
yans pas voulu souffrir
dans leur Royaume au-
cun souverain qu'eux
même , qu'elle apparen-
ce y a-t'-il qu'ils souf-
frent en Allemagne au-
cun Prince Souverain ,
s'ils en sont une fois les
maîtres. Puis que l'expe-
rience fait voir a tous les
Princes Chrêtiens , que

F 5   la

la France ne tient ses promesses, que quand elle y trouve du profit, & les viole toutes les fois qu'elle y trouve ses advantages. Il faut que les Princes se tiennent sur leur garde & ne se laissent pas surprendre aux artifices d'un si rusé ennemi.

Les Villes Imperiales n'ont pas moins d'interet à s'opposer a la grandissement de la France & a cette pretenduë succession. Car si le Roi de France êtoit Empereur, il les priveroit de tous leurs privileges, comme il a fait toutes les

Vil-

Villes de son Royaume.

Les Princes d'Allemagne ni les Villes Imperiales ne doivent pas s'endormir sur la neutralité, que la France leur offrira sans difficulté; cela ne les guarentira pas de sa domination. Les Villes libres de l'Alsasse êtoient Neutres, quand le Roy de France y vint, aprés la prise de Mastric, elles ne s'étoient en rien melées du secours que l'Empereur donnoit aux Hollandois, & toutesfois, il s'en rendit Maître, lors que sous la bonne foy, ils donnerent à ses troupes le passage

F 6 qu'il

qu'il leur demanda, abattit leurs remparts, prit tous leurs canons, & toutes les armes, qu'ils avoient dans leur Arsenac. Le Roi de France aprés avoir ruiné les Villes Imperiales d'Allemagne, qui n'auront pas volu espouser son parti, ni lui aider a parvenir a la Monarchie Universelle; viendra aprés fondre sur les Princes tiedes, qui se feront declarés Neutres, ou qui les bras croisés, auront regardé ruiner ceux, qui deffendoient la Patrie, & combattoient contre l'ennemi juré

juré des Chrêtiens. La
raiſon que le Roi de
France allegua pour ſa
deffenſe, aprés s'être
ſaiſi des Villes de l'Al-
ſaſſe, ſous pretexte qu'il
ne demandoit que le paſ-
ſage, eſt ridicule, qui eſt
de peur que ſes ennemis
ne s'en rendiſſent les
maiſtres & ne s'en ſer-
viſſent contre lui.

Cha-

CHAPITRE VII.

L'Interêt que les Hollan-
dois, les Anglois, les
Suisses, le Portugal, la
Pologne, la Suede &
le Dannemarc, ont à
s'opposer à cette succes-
sion.

LES Hollandois ont
aussi un notable Inte-
rêt à empecher cette
succession avant même
la mort du Roi d'Espa-
gne : car s'il arrivoit lors
que Dieu retirera ce
Prince du monde que
l'Empereur fut en guerre
avec les Turcs, comment
est

eſt ce qu'il pourroit ſe-
courir les Eſpagnols, qui
s'oppoſeroient a cette
pretenduë ſucceſſion,
lui qui en eſt ſi fort éloi-
gné, & qui même ne les
peut ſans paſſer la Mer,
& n'a point des Vaiſſe-
aux pour y faire tranſ-
porter ſes troupes?
Comment disje pourroit
il ſecourir l'Eſpagne, puis
qu'il n'a peu ſecourir
Luxembourg la meilleu-
re & la plus forte place
de la Flandre Eſpagnole,
qui eſt dans le voiſigna-
ge de l'Allemagne.

Le Roi de France con-
ſervant, & entretenant
ſes armées, au milieu
de

de la paix, il se rendra
Maistre de Madrid com-
me il fit de Strasbourg
sans qu'on y prenne gar-
de ; & ayant au moyen
de son argent & par des
promesses, & des espe-
rances, gagné les prin-
cipaux d'Espagne, il se
servira d'eux pour gagner
les Gouverneurs des
Provinces les plus eloi-
gnées, ainsi qu'il arriva
en Portugal, que les
principaux, ayant crée
le Duc de Bragance pour
leur Roi, & ayant don-
né advis par tous les pais
qui étoint tenus par les
Portugais, jusques dans
les Indes, tous le recog-
gnu-

gnurent pour leur Roi.
Si le Gouverneur de la
Flandre ſe laiſſe ga-
gner aux autres, comme
il ſe peut faire êtant par
le Roi de France conti-
nué dans ſon Gouverne-
ment; voila les Fran-
çois voiſins des Hollan-
dois, & la Barriere rom-
pue, malgré eux & mê-
me ſans coup ferir. La
Hollande étant une de-
pendance des dix & ſept
Provinces, comme tout
le monde ſçait, & n'y a-
yant pas guere plus de
cent ans, que les Hol-
landois ſe font ſouſtraits
de la domination d'Eſ-
pagne. Le Daufin étant
paſſi-

paisible possesseur de la
Flandre Espagnole , il
dira aux Hollandois,
vous savés que vous avés
été les sujets de Marie de
Bourgogne , de Philippe
I. & de Charles V. son
fils & petit fils. Que vôtre pays leur apparte-
noit , qu'ils en ont été
les legitimes Maistres &
Possesseurs. Que vous
vous étés rebellés contre
eux , & vous étes retirés
par la force des armes de
leur domination. Vous
n'ignorés pas aussi que
je ne sois leur successeur
étant en droite ligne des-
cendu d'eux. Il faut que
vous rentriés dans vôtre
de-

devoir, que vous me re-
cognoiſſés pour vôtre
Roy, & vous ſousmettiês
a ma domination, & a ma
puiſſance, de la même
maniére, qu'a mes pre-
deceſſeurs.

Je vous maintien-
drai dans vos droits
& dans vos privileges, &
même ſi vous voulés
dans l'exercice de vôtre
Religion. S'ils ſi ſou-
mettentvolontairement,
aprés qu'il les aura laiſ-
ſés quelques années jo-
üir de leur Religion & de
leurs Privileges, Il ote-
ra aux Reformés toutes
les charges, comme il a
fait a ceux de ſon Royau-
me,

me, & les donnera à des
Catholiques , & les a-
yant depoüillés de char-
ges publiques , les con-
traindra comme il a fait
ses sujets de France, d'aller a la Messe , & a se faire Catholiques ; & aprés
les privera de leurs pri-
vileges , comme il a fait
toutes les Provinces , &
villes libres de son Roy-
aume.   S'ils ne veulent
se sousmettre volontai-
rement, il leur faira la
guerre comme il fit en
soixante & douze , & ne
pouvans être secourus de
l'Empereur parce qu'il
sera occupé a la guerre
contre les Turcs, que le
Roi

Roi de France fomente-
ra, ni du Roi d'Angle-
terre, qui étant un ze-
lé Catholique, se laisse-
ra persuader aux Reli-
gieux, qui sont auprés
de sa personne, qu'il ne
faut point les secourir,
que cela seroit prejudi-
cable a la Religion Ca-
tholique ; & ce Roi hais-
fant au point qu'il fait la
Religion Reformée, les
abandonnera aux au
prejudice de ses inte-
rêts François. Il pro-
rogera même le par-
lement & empechera
qu'il ne se tienne, afin
qu'il ne leur donne aucu-
ne assistance. Le Roy
de

de Dannemarc êtant allié avec la France ne leur donnera non plus aucun secours. Et les Princes d'Allemagne étans divisés, l'Archevesque de Collogne le plus proche voisin des Hollandois, étant dans les Interêts de la France, les autres Princes noseront secourir la Hollande, depeur que le Roi de France, ne se jette aprés sur eux.

Et les Hollandois nêtans secourus de personne, ayant une si grande puissance ennemie sur les bras, il faudra qu'ils succombent & se sousmettent a la domination
-de

de la France, bien qu'ils sachent qu'elle est tyrannique & la plus insuportable du monde.

Bien que l'Angleterre soit separée des autres Etats, par la Mer qui l'environne de toutes parts, elle ne laisse pas d'avoir interêt a empecher cette succession. Si la France étoit maistresse de tous les Etats du Roy d'Espagne, comme il peut arriver si les Princes ne se liguent pour s'y opposer, elle ruineroit l'Angleterre en ruinant son commerce, car elle empecheroit que les Anglois ne trafiquassent en

Fran-

France ni en Espagne, ni
dans les Etats que le Roi
d'Espagne a dans l'Italie,
puis qu'en vertu de cette
pretenduë succession, ils
lui appartiendroient. Et
en tenant une Flotte à
Cadix leur fermeroit
l'entrée de la mer medi-
terranée, & les empeche-
roit de negocier en Tur-
quie, & dans les autres
Etats qui sont sur les
Cottes de cette Mer. Elle
traverseroit encores le
negoce des Anglois,
dans les Indes, puis qu'el
le y seroit tres puissante,
par les Etats qu'elle y
possederoit au moyen de
cette succession.

Qui

Qui plus eſt l'Angle-
terre eſt fort ſujette, a
des ſoulevemens Impre-
veus, ainſi que l'Hiſtoi-
re de cette nation en fait
foi. Et nôtre ſiecle y a
veu des étranges Cata-
ſtrofes, qui ont falli a
boule verſer cet Etat.
l'Angleterre étant voiſi-
ne de la France, & la
France y fomentant les
diviſions & les diſcor-
des, qui n'y ſont que
trop allumées : il eſt a
craindre que les Fran-
çois ſe prevalans de leurs
diſſenſions ne paſſent
quelque jour dans cette
Iſle, comme firent au-
trefois les Romains, les

Sax-

Saxons & les Normans,
qui s'en rendirent les
maiſtres avec des forces
bien plus petites que celles du Roi de France ; &
les François le peuvent
d'autant mieux faire,
qu'ils ſont les plus pro-
ches voiſins de l'Angle-
terre, n'y ayant que
cinq a ſix lieuës de tra-
jet.

Si la France par la for-
ce de ſon argent, & de
ſes intrigues, a peu faire
agir l'Angleterre, contre
ſon propre interêt, a-
yant laiſſé abaiſſer ſi
fort l'Eſpagne, quel-
le ne peut ſe relever ſi
on ne l'ayde puiſſam-

ſam-

ment, laiſſé prendre la
plus part du Pays-bas
Eſpagnol, & vendu a
la France Donquerque,
qui étoit une porte aſſu-
rée aux Anglois, pour
entrer en France, pour
la tenir en bride, & em-
pecher qu'elle n'entre-
prit aucune choſe, au
préjudice de ſes inte-
rêts. La France ayant
tous les Etats du Roi
d'Eſpagne, manquera el-
le d'or ni d'argent pour
corrompre les Anglois?
qui ſont mal affection-
nés a leur Roi, puis
qu'elle ne manque point
d'hommes penibles &
laborieux, elle tirera du

Peru,

Peru tant d'or & d'argent qu'elle voudra, ſi une fois elle en a la paiſſible jouiſſance. Et ſi par le moyen de ſon argent, elle s'eſt fait ouvrir les portes de diverſes forterſſes de la Hollande, en la guerre qu'elle a eu contre les Hollandois en l'année ſoixante & douze, ne pourra elle pas, l'Angleterre étant diviſée, ſouvrir avec une charge d'or, quelque port, dans ce pays la, pour y faire deſcendre ſans rien hazarder ſon armée?

Le Roy d'Angleterre ne ſe doit pas endormir ſur les

les promeſſes & proteſta-
tions de la France. Le
paſſé lui doit apprendre,
que la France ſacrifie
tout a ſon ambition & a
ſon interêt particulier,
puis qu'aprés la mort de
Charles I. au lieu de s'armer pour venger cette
cruelle mort, & faire
ſon poſſible, pour faire
monter Charles II. ſur
le thrône de ſon pere, elle fit une ligue offenſive
& deffenſive avec Crom-
wel ennemi mortel de
ce Prince & le bourreau
de ſon pere. Et par une
lacheté ſans exemple,
elle l'abandonna quoi,
qu'il fut fils d'une fille de

Fran-

France, & couſin Germain du Roi, & l'obligea de ſortir avec le Duc d'York ſon frere, du Royaume.

Puis que la France travaille puiſſamment a diviſer l'Angleterre, qu'elle regarde comme un puiſſant obſtacle a ſes grands deſſeins, & qu'il eſt conſtant qu'elle a fourni de l'argent au Duc de Montmouth pour paſſer en Angleterre, & au Comte d'Argil pour paſſer en Eſcoſſe, pour troubler ce pays, & tailler de la beſongne a ce nouveau Roy, que la France commençoit d'apprehen-

hender, a cauſe du refus
des offres que la France
lui faiſoit, & de la ma-
niere fiere en laquelle il
avoit reçeu ſon Ambaſ-
ſadeur : Le Roi d'An-
gleterre doit faire ſon
poſſible, pour entrete-
nir ſes ſujets, dans une
bonne correſpondance.
Et ſur tout il doit s'unir
d'une Union ferme &
inebranlable avec les
Provinces Unies, tant a
cauſe de leur voiſinage,
que de leur puiſſance par
Mer, au moyen dequoi
ces Etats peuvent, ſe ſe-
courir promptement
l'un l'autre, & ſe deffendre contre la France, &

con-

contre qu'el ennemi, que
ce ſoit. Et le Roi d'An-
gleterre qui ſait les in-
trigues & les artifices de
la France pour y avoir
long temps ſejourné ,
doit ſe tenir ſur ſes gar-
des , s'il veut conſerver
ſon Royaume a ſes deſ-
cendans, & ſe maintenir
lui même, dans la paiſ-
ſible jouiſſance de ſes
Etats. Et ſur tout il doit
ſe joindre avec les autres
Princes Chrêtiens, pour
s'oppoſer aux progrés
de la France & empe-
cher la pretenduë ſucceſ-
sion du Daufin.

L'In-
terêt
des
Suiſſes. Les Suiſſes ont auſſi
Interêt a s'oppoſer a
cette

cette fucceffion, par ce
que fi la France avoit le
Milanois, comme elle
l'auroit fans doute par
ce moyen, puys qu'il
appartient au Roi d'E-
fpagne, elle les environ-
ner oit de tous côtés.
Autrefois la France ne
confinoit les Suiffes
d'aucune part, mais par
la paix d'Henri I V. avec
le Duc de Savoye, le
pays de Gex lui fut cedé,
& depuis le Roi de Fran-
ce s'étant emparé de
l'Alfaffe & de la Franche
Comté de Bourgogne, la
France confine la Suiffe
de trois côtés. Par la
Fortereffe qu'elle a fait

con-

construire aHuninguen a
la portée du Canon de
Basle, elle les tient bri-
dés de ce côté, & leur fer-
mera le Rhin, quand el-
le voudra ; & si elle avoit
le Milanois, elle leur fermeroit encores la porte
de l'Italie, & les tien-
droit comme enfermés
dans leur pays. Et les
Suisses étans partagés
en Religion, les uns
étans Catholiques & les
autres Reformés, ils
sont en danger de se bro-
üiller avec le tems, &
de precipiter leur ruine
par une guerre Civile,
que la France tache de-
puis long temps d'allu-
mer

mer parmi eux, au sujet de l'affaire de Claris. Et puis que les Suisses sont pleinement instruits des menées de France, & qu'ils voyent que cet Etat ne travaille qu'à leur perte, ils doivent s'ils ayment leur liberté, se departir de son Alliance, retirer les troupes qu'ils ont à son service, & s'allier avec les autres Princes Chrêtiens, pour empêcher un plus grand agrandissement d'un voisin si ambitieux & si dangereux.

Le Portugal ne doit point être aussi sans apprehension de cette suc-

L'Interêt du Portugal.

G 6. ces

cession. La France au-
roit par la deux droits
sur ce Royaume, le droit
de dependance, & le
droit de bien seance. Le
droit de dependance
parce que le Portugal a
été subjugué par Phil.
I I. & que l'Espagne en a
Joui jusques au Regne de
Philippe I V. beau-pere
du Roi de France & a
yeul du Daufin , soubs
lequel les Portugais se-
coüerent le joug des Es-
pagnols environ l'année
1640. Et ainsi le Daufin
auroit droit de deman-
der un Royaume que ses
predecesseurs ont subju-
gué & dont ils ont jouy
l'espace d'environ soi-

xante ans , avec plus de
raiſon , que ſon pere
n'a demandé les depen-
dances du Royaume
d'Auſtraſie,& depoüillé
une partie des Princes
qui en joüiſſoient depuis
ſix ou ſept cens ans. Et
par droit de bienſeance ,
puis que le Portugal
joint de trois côtés l'Eſpagne & de l'autre côté,
il confine & a pour bor-
nes la mer Occeane. Ce
Royaume ne faiſant
qu'une Peninſule avec
les Royaumes de Caſtil-
le, d'Aragon, de Gre-
nade, &c. qui ſont au
Roi d'Eſpagne , & qui
ſont environnés de tou-

tes

tes parts de la Mer a la reserve seulement du côté de France, dont l'Espagne est separée par les Monts Pyrenées. La bien seance veut, dira le Roi de France un jour aux Portugais, que celui qui a tous ces Royaumes, qui apartiennent a l'Espagne, ait aussi le Portugal, & que le bien de la Chrêtienté même le veut, pour empecher que les Afriquains, n'entrent dans l'Europe, comme ils ont fait du temps des Cartaginois & ne ravagent la Chrêtienté. Or ils pourroient y entrer par le Portugal,

tugal, qui leur donnera
paſſage, des qu'ils ſe-
ront mal ſatisfaits de la
France. Et la France
n'ayant jamais manqué
de pretextes, pour rom-
pre avec ſes voiſins, n'en
manquera non plus pour
rompre avec le Portu-
gal. Et pour engager
ce Roi dans ſes interêts,
& empecher qu'il ne
s'oppoſe a ſes deſſeins, &
a ſes hautes pretentions,
ſur la Monarchie Uni-
verſelle de la Chrêtien-
té: Il lui fait propoſer
divers mariages avec des
Françoiſes, pour être
toûjours Maiſtre de ſes
volontés, par la femme
qu'il

qu'il lui donnera.

La Pologne bien que
fort eloignée de la Fran-
ce, a interêt à s'oppofer
a cette pretenduë fuccef-
fion, parce que fi la
France avoit tous les E-
tats du Roi d'Efpagne &
en jouiffoit paifible-
ment, elle voudroit auf-
fi avoir la Pologne qui
eft voifine de l'Empire,
ou y établir pour Roi un
fils de France, comme
fut autrefois Henri III.
afin d'attaquer l'Empire
de tous côtés & monter
plus facilement au thrô-
ne Imperial & devenir
Monarque Univerfel. Et
la Pologne étant un Roi-
aume

aume Electif, & le Roi
de France fi puiſſant, il
eſt a craindre que par la
force de l'or & de l'ar-
gent ou de ſes intrigues
il ne vienne a bout de ſon
deſſein , au préjudice
même des enfans, du
brave, & genereux, Roi
de Pologne , qu'il tâche
par toute ſorte des mo-
yens, d'engager dans ſes
interêts.

Qui plus eſt la Polo-
gne confine la Suede &
la Turquie ennemis de
la Pologne, avec qui la
France a fait des traités
& des Alliances, & qui
par ſes penſionnaires ou
par le moyen de ſon or,
met-

les mettra en guerre avec la Pologne quand elle voudra.

L'Interêt de la Suede & du Danne-marc.

Enfin les Suedois & les Danois, encores qu'ils soient au fonds du Nort, ne laisseront pas d'avoir part aux funestes effects de cette succession, s'ils ne s'y opposent conjointement avec les autres Princes Chrêtiens. Ces deux Nations se haissans, mortellement, il ne sera pas difficile a la France, d'exciter l'une contre l'autre & les porter a se faire la guerre, tantôt en s'alliant avec les Suedois & tantôt avec les Danois,

com-

comme nous voyons
quelle a fait, il ny a pas
long temps, & pour de-
truire ces deux Etats,
elle n'efpargnera ni or,
ni argent, ni promeffes,
ni recompenfes. Par les
divifions qu'elle y feme-
ra & fomentera, il en fe-
ra le maiftre & en faira
comme bon lui femble-
ra. Et s'il ne peut les
affujettir a fa puiffance,
il entretiendra entre ces
deux Nations une guerre
continuelle, afin qu'el-
les ne fe joignent enfem-
ble, & n'entreprennent
aucune chofe, contre fon
Empire, comme elles fi-
rent

rent du temps de l'Empereur honorius, que les Suedois & Danois joints ensemble, sous la conduite d'Alaric leur Roy, attaquerent l'Empire Romain, & luy causerent une playe mortelle dont il ne guerit jamais.

CHA-

CHAPITRE VIII.

Les moyens pour empecher cette pretenduë succession, qui seroit funeste a toute la Chrêtienté & la ruine entiere de ses Princes, avec la justice de la cause des Princes en s'y opposant de toutes leurs forces.

APrés avoir recognu le mal, que cause-roit a la Chrêtienté cet-te pretenduë succession du Daufin, aux Royau-mes & Etats du Roi d'E-fpagne. Il est necessaire de

Mo-yens pour s'oppo-fer a la succes-fion du Daufin.

de voir & examiner les remedes qu'on y peut apporter, afin de le prevenir.

Il est vrai que le Daufin de France, a droit, aprés la mort du Roi d'Espagne sans enfans, sur tous les Etats de ce Prince, si on considere le droit Romain, qui releve les enfans des renonciations, qui ont été faites par leurs pere & mere a leur préjudice. Mais si on considere que les Princes Souverains font les loix eux-mêmes & s'engagent a l'observation des loix qu'ils ont fait. Le Roi & la Reyne de

de France s'êtans eux
mêmes Impofé la loi de
renoncer a tous les Etats
du Roi d'Efpagne, qu'el-
les pretentions qu'ils y
euffent ou peuffent avoir
de prefant ou a l'advenir,
fans quoi le mariage ne
fe feroit pas fait : cette
renonciation entre des
Princes Souverains eft
bonne & irrevocable.
Car il n'eft pas des Princes comme des particu-
liers, qui font fujets aux
loix etablies ou obfer-
vées dans les Etats ou
ils vivent, mais les fou-
verains êtans au deffus
des loix & les pouvans
changer, ils ni font point
aftreins

aftreins aprés qu'ils les ont changées , ou ont fait des contrats contraires, qui leur tiennent lieu de Loy. Deplus il n'eft pas de même de l'nterêt public que du particulier. L'Interêt Public d'Efpagne voulant qu'elle ait fon Roi particulier pour ne devenir pas une Province de France , & les Efpagnols n'ayans point voulu confentir au mariage de l'Infante avec le Roi de France, que l'Infante ne renonçat aux pretentions qu'elle pourroit avoir fur l'Efpagne & le Roi fon Epous l'a-

yant

yant confirmé & rati-
fié par cette renon-
ciation, le Roi ni le
Prince Daufin fon fils ne
peuvent point revenir
contre ce contract, au-
trement, il n'y auroit rien
de fixe ni de ferme dans
les contracts des Rois; &
perfonne ne pourroit
traiter valablement avec
eux ni les Princes Sou-
verains changer les loix
de leurs Etats, quand el-
les leur font préjudicia-
bles, comme celle-ci,
qui en rendant le Roi de
France Succeffeur des
Etats & Royaumes d'Ef-
pagne prive l'Efpagne
de fon Roi particulier,

H &

& l'affujettit aux François, au préjudice & au des advantage de toute la Nation.

Les Princes Chrêtiens en s'oppofant a la pretenduë fucceffion du Dauf:de toutes leurs forces, ne feront rien d'injufté; puis qu'ils ne feront qu'executer le contract que fes Pere & Mere ont fait, & par ce moyen ils conferveront leurs Etats a leurs legitimes fucceffeurs, & s'empecheront de Souverains qu'ils font, de devenir les fujets de la France.

Pour donc empecher cette fucceffion, qui feroit

roit la ruine de tous les
Princes Chrêtiens ., &
un degré affeuré a la
France ., pour monter
fur le thrône de la Mo-
narchie Univerfelle de
la Chrêtienté : tous les
Princes Chrêtiens fe
doivent unir enfemble ,
fans avoir egard a la di-
verfité de Religion dont
ils font profeffion. La
difference de Religion
ne doit point porter de
préjudice a leur interêt ;
il y a eu & y aura toûjours
divers fentimens entre
les Chrêtiens touchant
la Relig., comme il y en
a eu entre les Juifs, quelque foin qu'on y apporte
pour

pour les obliger tous, a
n'avoir qu'une même foi.
Il faut dit Saint Paul,
qu'il y ait des herefies au
monde, afin que ceux
qui font de mife foient
manifeftés. Et le Roi
de France, pendant qu'il
contrefait le zelé Catho-
lique, n'affifte-il pas les
Proteftans d'Hongrie,
& na-t'-il pas des corref-
fpondances avec les infi-
déles au prejudice de
toute la Chrêtienté? par-
ce que celà fert a fes interêts contre la maifon d'
Auftriche, qu'il voudroit
entierement detruire;
N'a-t-il pas fait en core li
gue ofenfive & deffenfive
avec Cromwel qui êtoit

1 Cor.
11.19.

proteſtant, & qui avoit
uſurpé le thrône du Roi
d'Angletetre ſon couſin
Germain, parce que ce-
la lui ſervoit pour abaiſſer l'Eſpagne? Si la Tri-
ple Alliance qui ſe fit entre l'Angleterre, la Sue-
de & la Hollande, avec
la maiſon d'Auſtriche
avoit duré juſques a pre-
ſant, la France ne ſe ſe-
roit pas ſi haut élevée, ni
l'Eſpagne ſi abaiſſée; la
France n'auroit pas pen-
ſé a uſurper les Etats de
ſes voiſins, on l'auroit
obligée de ſe tenir dans
ſes bornes; elle n'auroit
pas traité les Princes
Souverains comme ſes

ſu-

sujets, ainsi qu'elle a
fait, ni n'auroit pas non
plus troublé tant de fois,
la paix de l'Europe ; elle
se feroit contentée de
l'Etat ou elle étoit , &
auroit recherché la paix
de ses voisins , au lieu
que depuis elle n'a pensé
qu'a troubler leur repos
& a leur faire la guerre.
Les Princes êtans Unis,
ils seront invincibles a
leurs ennemis; & au con-
traire s'ils sont desunis,
ils deviendront la proye
& les Esclaves de la France. C'est ce que Scylu-
re Roi des Tartares
donna a cognoître a ses
enfans, qui êtoient ain-
si

si que nous aprend l'Hi-
stoire, en nombre de qua-
tre vingts, par ce qu'il
sit en leur presenc. Se
voyant prochain de sa
sin, il sit venir tous ses
enfans devant lui, & se
sit apporter un faisseau
de verges ; il commanda
ensuite au plus jeune de
ses fils, de rompre le
faisseau de verges, il sit
le même commande-
ment a tous les autres
jusques au plus vieux,
sans qu'ils en peussent
venir a bout. Aprés il
sit delier ces verges, se
les sit bailler, & les rom-
pit l'une aprés l'autre
sans aucune peine. Puis

dit

dit a ſes Enfans, mes fils
vous ayés veu, que vous
n'avés peu rompre les
verges tandis qu'elles
ont été unies, quels ef-
forts que vous ayés fait.
Mais je les ay rompues
ſans peine lors quelles
ont été diviſéés. Ainſi
ſi vous êtes bien Unis
enſemble, vous ſerés in-
vincibles a vos ennemis,
mais ſi vous vous diviſés,
le moindre ennemi
viendra a vous detruire.

La ſeconde choſe que
les Princes doivent faire,
pour ne tomber pas ſous
l'esclavage des François,
ils doivent travailler
tous unanimement, a
por-

porter l'Empereur, a faire la paix avec les Turcs : puis que ces infideles la demandent avec empreſſement, il ne ſera pas difficile de la faire. Et l'Empereur ne doit pas differer a faire cette paix : Parce que s'il arrivoit que le Roy d'Eſpagne mourut, avant que faire la paix avec les infideles, il ne pourroit pas conſerver l'Eſpagne, ni la deffendre contre la France : car s'il n'a pas peu conſerver Strasbourg, ni Luxembourg qui ſont des villes, l'une, dans l'Allemagne, & l'autre dans le voiſinage, com-

H 5   ment

ment pourroit il, ayant
le Turc fur les bras, de-
féndre l'Efpagne qui eſt
ſi eloignée de l'Empire ?
il feroit a craindre qu'en
voulant conferver l'Ef-
pagne, il ne perdit l'un &
l'autre, ne pouvant pas
agir ni entretenir des armées en tant d'endroits.
Et ne vaut il pas mieux
faire la paix avec le grand
Seigneur quand on la
peut faire adventageufe,
que de la faire en un
temps contraire ? ſi on la
fait a prefent qu'on voit
que les Turcs apprehen-
dent le fuccés de cette
guerre, qu'ils ont mal a
propos entreprife contre
l'*Em-*

l'Empereur, on y trouve-
ra ſes adventages, mais
ſi on attend, que la
France attaque l'Eſpa-
gne ou l'Empire, il ſera
difficile de la faire : parce
que ces infideles êtans
aydés de toutes les for-
ces de la France, conce-
vront l'eſperance de re-
couvrer ce qu'ils ont perdu en cette derniere
guerre. Les Princes
êtans unis, ils doivent
jurer & promettre ſo-
lemnelement de ne ſe
point dés unir, qu'on
n'ait a baiſſé la France
& qu'on ne l'ait miſe en
Equilibre avec l'Eſpagne,

& se declarer ennemis
communs du premier
qui rompra cette Union.
Et puis que la France
travaille de tout son pouvoir a corrompre les mi-
nistres des autres Prin-
ces Souverains , ou les
Secretaires de leurs mi-
nistres pour savoir le se-
cret du cabinet. Les
Princes doivent punir
severement, tous leurs
officiers, ou Ministres ou
Secretaires des Mini-
stres, qui auront Intel-
ligence avec la France;
& tenir pour traitres
& Pensionnaires , ceux
qui leur parleront de faire

re paix avec la France, avant qu'on l'ait forcée a rendre ce qu'elle a injustement usurpé, & mise en Etat de n'oser rien entreprendre desormais contre ses voisins, ni plus troubler le repos & la tranquilité des autres, Etats, ni leur faire des querelles mal fondées, comme celle qu'il a fait, il ni a pas long temps a la Ville, & Republique de Genes.

Les Princes ne doivent point aussi s'empecher de faire cette Union, ni par les promesses ni par les menaces de

la

la France , puis qu'ils
voyent que la France
promet tout & ne tient
rien , que lors qu'elle
trouve plus d'avantage a
tenir fa parole , qu'a la
violer. Lors qu'on fit
la paix de Nimegue , la
France proteftoit , que
fon Roi , ne defiroit rien
tant que la paix , & aprés
qu'elle fut faite , fes Am-
baffadeurs & fes Mini-
ftres difoient hautement
que leur Maître ne rom-
proit jamais cette paix ,
qu'il la conferveroit in-
violablement ; fon Refi-
dent en la Ville de Strasbourg , les affeura qu'ils
ne

ne devoient rien crain-
dre, que le Roi de Fran-
ce fouhaitoit avec paffi-
on de bien vivre avec
l'Empereur, & avec les
Princes & Villes de
l'Empire. Ceux de Straf-
bourg s'endormirent fur
ces belles paroles, & a
la Sollicitation du Refi-
dent, ils renvoyerent les
Suiffes qu'ils avoient
dans leur ville, ce qui ne
fut pas plutôt fait, qu'ils
fe virent inveftis par une
puiffante armée, qui les
affiegea, le Roi y fut
lui même en perfonne &
les obligea de fe rendre
pieds & poings liés a lui.

aprés

aprés avoir violé une
paix si saintement jurée,
& de la maniére qu'il la
violée, qui est ce qui se
peut fier a ses promesses,
ni se reposer a sa parole
Royale, ni faire, ni paix
ni Treve avec lui ? puis
qu'il a rompu si facile-
ment une paix, qu'il a-
voit lui même recher-
chée, & sans se pleindre
ni declarer la guerre, &
lors qu'il voyoit l'Empe-
reur occupé en la guerre
contre les Protestans
d'Hongrie.

La paix des Pyrenées
ne fut pas plûtôt faite,
qu'il viola la parole Ro-
yale,

yale, qu'il avoit donné au Roi d'Espagne son beau-pere, de n'assister plus le Portugal, il leur fournit des hommes & de l'argent, il y envoya le Comte de Schomberg, depuis fait Mareschal de France.

Et depuis la paix de Nimegue, il a assiegé & pris en pleine paix, la ville de Luxembourg, brusté & ruiné le Pais-Bas, & mis ce Pays a contribution ; même il a exigé des habitans de ce pays des contributions excessives qui ont falli a les accabler.

Quand

Quand le paix de l'Empereur avec les Turcs sera faite, il faut qu'en même temps, il tourne ses armes & celles de ses Alliés contre la France, sans qu'il soit necessaire de lui declarer la guerre: puis que le Roi de France en pleine paix & sans declarer la guerre a l'Empereur ni a l'Empire a assiegé avec une armée & pris la Ville de Strasbourg, qui étoit une Ville de l'Empire, & la Ville de Luxembourg la plus forte place que l'Espagne eut dans la Flandre. En cela l'Empereur ne

ne fera que lui rendre la
pareille. Et ſi le Roy de
France fait tous les jours
des nouvelles demandes
à l'Eſpagne & ne manque
jamais de mauvais pre-
textes pour lui faire la
guerre, l'Empereur & le
Roi d'Eſpagne ne man-
quent pas de pretextes
legitimes pour faire la
guerre a la France par les
raiſons ſusdites. L'excu-
ſe que la France allegue
pour la priſe de Stras-
bourg eſt frivole, en di-
ſant que par la paix de
Munſter cette Ville lui
appartient; Au contrai-
re par les articles de cette

te paix, Strasbourg, &
les dix Villes libres de
l'Alſaſſe, ſont excep-
tées de ce qu'on lui a cedé. Si on lui a cedé
Strasbourg par la paix de
Munſter, pourquoi le
Roi ne s'eſt il pas mis en
poſſeſſion de cette Ville
aprés cette paix ? ou
pourquoi ne ſa il pas de-
mandée lors de la paix
de Nimegue ? ou pour-
quoi avant la paix de Ni-
megue, a il demandé a
cette Ville qu'elle de-
meurat dans la Neutrali-
té ? pourquoi y a-t'-il
envoyé un Reſident ? ce
que les Princes ne font
point

point que dans les Pays.
Eftrangers & qui ne leur
apartiennent point ;
pourquoi, a-t'-il achep-
té les fuffrages des habitans, pour faire un Bour-
guemêtre a fa pofte, qui
lui a vendu, la Ville en
trahiffant fa patrie?

L'Empereur ni les
Princes Chrêtiens, ne
doivent point attendre,
que le Roi d'Efpagne
foit mort, pour faire la
guerre a la France : parce
que la France eft voifine
& contigue a l'Efpagne,
& que le Roi de France a
toûjours des armées pre-
tes a marcher, & munies

de

de tout ce qu'il faut, &
ainſi il pourroit ſe rendre
Maître de l'Eſpagne a-
vant que les autres Prin-
ces fuſſent en Etat de la
ſecourir. Le Roi de
France peut entrer faci-
lement en Eſpagne, mais
les autres Princes a la re-
verſe du Roi de Portu-
gal, qui eſt Allié de la
France, ni peuvent en-
trer qu'en paſſant la
mer, ou en traverſant
toute la France. Mais ſi
l'Eſpagne eſt en guerre a-
vec la France, avant la
mort de ſon Roi, les Eſ-
pagnols aſſiſtés de l'Em-
pereur & de ſes Alliés,
ſe-

feront en état de lui fermer l'entrée, ils empe-
cheront étans en guerre
avec la France, que la
Reine d'Efpagne, qui eft
Francoife ne follicite
pour le Daufin de France;
les grands d'Efpagne ne
voudront point pour
Roi, un Prince ennemi
& qui leur fait la guerre;
les Penfionnaires n'ofe-
ront point parler en fa
faveur; il n'y aura point
a Madrid des Ambaffa-
deurs de France pour
corrompre par la force
de l'or ny par des belles
efperances, ceux qui au-
ront du credit a la Cour
d'Ef-

d'Espagne. Et l'Empereur & les Alliés attaquant la France par divers endroits, il ne pourra pas envoyer, une puissante armée en Espagne, pour sen rendre le Maître.

La France étant environnée de toutes parts de ses ennemis, ou des Princes & Etats qu'elle a rendu ses ennemis en leur faisant querelle de gayeté de cœur. On la peut attaquer de tous cottés, l'Empereur & les Princes d'Allemagne par l'Alsasse, & par la Lorraine; Les Anglois &

& Hollandois par la Flandre & par la mer, les Suisses par la Bourgogne & par le Pays de Gex, les Princes d'Italie par le Montferrat, & les Espagnols, par le Roussillon & par Fontarabie.

Et l'on ne doit pas differer de faire la guerre a la France, parce qu'on ne trouvera jamais, un temps plus favorable, pour l'abaisser, qu'a prefant; tous fes voisins la craignent mais ils ne l'ayment pas; ils la haissent, & fa grandeur leur est suspecte; & ainsi il ny en a pas un, qui ne

I   foit

foit porté a ayder, à l'a-
baifler, & a empecher
qu'elle ne leur puifle nui-
re, ni troubler le repos
& la tranquilité de leurs
Etats, ni en priver leurs
defcendans. Qui plus
eft le Roi de France, eft
atteint d'une maladie
qu'on croit incurable, &
bien qu'il ait eu quelqué
relache & foit allé a la
chafle, on tient que s'il
fatigue beaucoup, il tom-
bera dans un état pire
que celui ou il s'eft veu,
& hatera fa perte. La
France auffi eft malade
de même que fon Roi.
Les Catholiques font

mal

mal satisfaits de même
que les Protestans, les
uns & les autres sont ac-
cablés de tailles & d'im-
pots ; & les Protestans
tellement vexés pour
leur Religion, qu'ils s'e-
stiment heureux, en quit-
tant & abandonnant
leurs biens, de pouvoir
sortir de France , pour
aller mendier dans un
pays Etranger. Or ces
gens la ne peuvent que
haïr un Roi, qui les traite
avec tant de rigueur ; &
au lieu qu'il tiroit ses
principales forces , & ses
meilleurs officiers & sol-
dats, des Protestans de

son

son Roiaume, il en sera abandonné justement. Les officiers de cette Religion, êtans sortis pour la plus part de France, & qui êtoient le principal appui de ses armées, sont devenus ses plus grands ennemis , & qui se ressentiront infailliblement du mauvais traitement qu'on leur a fait. Et comme il n'est pas difficile de battre un malade , la France & son Roi êtans en cet état , le negoce ruiné, les finances diminuées presque de la moitié, la noblesse abaissée & ruinée, les Parlemens soû-

foûmis , les Villes libres
depoüillées de leurs pri-
vileges , le peuple reduit
a la beface , grands &
petits mal fatisfaits , il
ne fera pas difficile de la
battre , & de l'abaiffer
autant qu'elle s'eft éle-
vée.

Et parce que l'armée
des Proteftans , qui fut
battue devant Prague ,
avoit trop des chefs , qui
fut caufe de fa perte ; &
que celle que l'Empe-
reur , & les Princes Al-
liés , firent paffer dans
l'Alfaffe , en l'an foix-
ante & quatorze , ne fit
que ruiner le pays , & ne

I 3   pro-

produit aucun bon ef-
fect, a cause qu'elle avoit
trop des Commandans.
Il faut que l'Empereur &
ses Alliés, n'ayent qu'un
chef en chaque armée, a
qui tous les autres obeis-
sent, comme on fit du
temps de Ferdinand se-
cond, que tous les
Princes Alliés donne-
rent des troupes au Roi
de Suede, qui se sous-
mirent a ses ordres &
combatirent toutes sous
son commandement.

Ainsi au siege de
Vienne contre les Turcs,
qui l'avoient assiegée, on
donna le commande-
ment

ment de l'armée au Roi
de Pologne, ce qui eut un
bon succes.   Quand il y
a plusieurs chefs dans u-
ne armée, les sentimens
sont partagès , & bien
souvent contraires, l'un
ne veut pas ceder a l'au-
tre, & cette division est
la caufe, que le plus
souvent on ne fait rien
qui vaille.   Celui qui
commande l'armée doit
bien consulter les autres
officiers   principaux ,
comme font les Lieute-
nans Generaux, les Ma-
rechaux de Camp , &
Maiftres de Camp ou
Colonels : mais aprés il
doit faire choix des fen-

timens, & faire ce qu'il trouvera le plus convenable, pour prendre ſes advantages ſur les ennemis, & remporter la victoire.

Il vaut mieux que l'Empereur ſoit Maiſtre des Etats du Roi d'Eſpagne, que le Roi de France; parce que l'Empire eſt fort eloigné de l'Eſpagne, & que la France qui eſt un grand Royaume, eſt entre deux. Et ces deux grandes puiſſances êtans ſeparées elles ne ſont pas tant a craindre. Mais ſi l'Eſpagne tomboit entre les mains du Roi de France,

ce

ce feroient deux puiffans
Etats unis , & par confe-
quent plus redoutables.
Sous Charles V. on les a
veus joints enfemble ,
mais quand cet Empe-
reur abufoit de fa puif-
fance , les autres Princes
fe liguoient contre lui &
fouftenoient le parti le
plus foible, & tafchoient
de tenir l'equilibre entre
la France & la maifon
d'Auftriche. Davanta-
ge l'Empereur a deux
fils. Il peut donner a
l'un la couronne Impe-
riale , & l'autre celle
d'Efpagne , comme fit
Charles V. qui donna
celle de l'Empire a fon
fre-

frere Ferdinand, & l'autre a son fils Philippe, & ainsi ce seront deux Etats separés, comme ils sont a present, & par consequent moins a craindre. Enfin les Princes de la maison d'Austriche, ont regné plus de cent cinquante ans en Espagne, assavoir depuis Philippe premier jusques a aujourd'hui, & ainsi les Rois d'Espagne ne changeront point de nom, ni ne seront point d'autre race que celui qui est a present sur le thrône.

F I N.

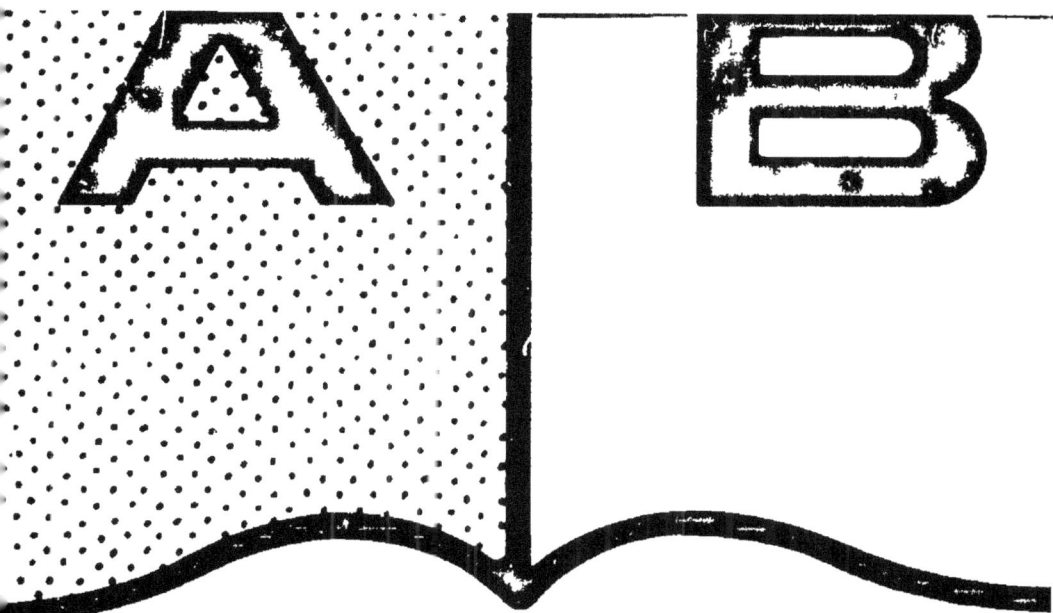

Contraste insuffisant

NF Z 43-120-14

www.ingramcontent.com/pod-product-compliance
Lightning Source LLC
Chambersburg PA
CBHW071944090426
42740CB00011B/1818